꿈은 모르겠고

돈이나 잘 벌고 싶어

꿈은 모르겠고
돈이나 잘 벌고 싶어

· 옆집 CEO(김민지) 지음 ·

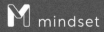 mindset

프롤로그

어른이 되면
1일 1치킨은 쉬울 줄 알았다

180만 원. 작고 귀여운 저의 첫 월급입니다. 어른이 되면 사고 싶은 것도 실컷 사고, 드라마 속에 나오는 멋진 커리어우먼 같은 일상이 펼쳐질 것이라고 기대했건만, 어른이 돼도 여전히 1일 1치킨은 부담스러웠고, 어느덧 서른이 가까워진 나이 앞에서 조급한 마음만 커져갔습니다.

그렇다고 내세울 만한 학벌도, 스펙도, 인맥도 없던 저는 일단 회사에 올인해서 빠르게 연봉을 높여야겠다고 생각했습니다. 그렇게 저는 365일 낮과 밤, 평일과 주말을 가리지 않고 닥치는 대로 일을 하는 워커홀릭이 됐습니다. 불안한 마음에 잠자다가도, 새벽 2~3시에 갑자기 일어나 한두 시간이라도 더 일을 하고 잠들어야 마음이 편할 정도였습니다. 한마디로 강박적으로 일에 집착했죠. 이렇게 신입사원이 과하다 싶을 정도로 열심히 일을 하니 아무래도 눈에 띄었나 봅니다. 하루는 매일같이 야근하는 저에게 호기심이 생겼던지 다른 부서 팀장님이 다가와 말을 건넸습니다.

"옆집 씨, 오늘도 혼자 야근하네요? 하루 이틀도 아니고 제일 열심히 하는 것 같아요."

"아, 그런가요? 제가 좀 열정이 넘치긴 하죠?"

"이렇게 오랜 기간 열심히 하는 사람은 처음 본 것 같아요. 그런데 옆집 씨는 시키지도 않았는데 왜 이렇게까지 열심히 일하는 거예요?"

"저요? 돈 벌려고요! 열심히 일해서 부자 될 거예요."

"그래요? 그럼, 얼마나 벌면 좋을 것 같아요?"

"음……, 한 달에 1,000만 원 정도?"

1,000만 원이라는 단어를 입 밖으로 내뱉으면서 왠지 모를 창피함이 몰려왔습니다. 월 200도 못 버는 주제에 월 1,000만 원이라니. 팀장님이 날 허풍쟁이로 보진 않았을까 하는 생각에 괜

히 말했단 생각이 머릿속을 스쳤습니다. 그런데 놀라운 일이 일어났습니다. 그 일이 있고 난 3년 뒤, 저는 제가 꿈에 그리던 월 1,000만 원을 달성했고, 수입이 많을 때는 제법 괜찮은 세단 한 대를 구매할 수 있는 만큼의 돈을 한 달 만에 벌게 된 것입니다. 어떻게 저는 3년이란 세월 동안 저 자신조차도 믿지 못한 목표를 달성할 수 있었을까요? 이 책에는 바로 이러한 물음에 대한 답을 담았습니다.

저는 지금 완전한 경제적 자유를 이룬 것은 아니지만, 과거에 제가 꿈꾸던 라이프스타일로 살고 있습니다. 알람을 맞출 필요 없이 눈이 떠지는 시간에 침대에서 일어나, 거실로 발걸음을 옮깁니다. 그리고 커피 한 잔을 내려 노트북을 켠 다음, 오늘 하루 스케줄을 확인합니다. 더 좋은 것은 이렇게 여유로운 아침을 맞이하는데도, 제가 오늘 무슨 일을 하는지 아무도 간섭하지 않는다는 사실입니다.

그뿐만 아닙니다. 컨디션이 좋은 날은 맥주 한 캔과 함께 늦은 새벽까지 일에 몰두하기도 하고, 날씨가 좋아 놀러 가고 싶은 날엔 업무를 일찍 마무리하고, 강아지와 함께 근교로 카페 탐방을 하러 갑니다. 재미있는 것은 이렇게 해도 업무 스트레스는 과거의 10분의 1도 안되게 줄었지만, 한 달 수입은 적으면 직장인 시절의 3배, 많을 땐 10배를 훌쩍 넘어섭니다. 내가 일하고 싶을 때 일하고, 쉬고 싶을 때 쉬면서요.

물론 이런 삶이 하루아침에 얻어진 것은 아닙니다. 약 3년 동안 직장 생활과 부업을 병행하며, 온갖 삽질을 했습니다.

- K-POP 페이스북 페이지 운영
- 홈 인테리어·일상 인스타그램 운영
- 네이버 블로그 운영
- 스마트스토어·쿠팡 등 온라인 셀러 활동
- 공동구매
- 오프라인 스튜디오 운영
- 섬네일 디자인 상품 판매
- 강의 판매
- 전자책 출간
- 유튜브 운영

등이 그것입니다. 제가 지금까지 기웃거려본 작업을 생각나는 것만 적어도, 이렇게 10가지가 넘습니다. 이 외에도 짧게 스치고 지나가 기억이 나지 않을 뿐, 제가 도전했던 부업이 더 있을지도 모릅니다.

만일 이 모든 부업이 성공했다면, 이 책을 쓸 일은 없었을지도 모릅니다. 단숨에 성공했더라면, 전해줄 이야기가 없었을 테니까요. 그렇다면 위에 나열한 부업으로 벌어들인 수입은 얼마 정도 될까요? 아마 N잡 세계에 뛰어든 1~2년 차까지 제가 벌어들인 수입은 모두 합쳐도, 500만 원이 채 안 될 겁니다. 그런데 지지부진한 3년의 세월을 견디고 나니, 월 1,000만 원 이상의 수익이 안정적으로 생겼습니다. 또 수많은 부업을 거치면서, 어떤 일이 저와 잘 어울리는지 알게 됐고, 마치 주식 포트폴리오를 만들 듯, 저만의 직업 포트폴리오를 만들 수 있었습니다. 한마디로 소중한 '경험 재산'이 생긴 것이죠. 현재는 온라인 셀러, 공동구매, 강의 판매, 유튜브 채널이 제 포트폴리오의 대부분을 차지하고 있습니다. 그리고 지금까지 그래왔듯, 앞으로도 제 선택에 따라 이 포트폴리오는 끊임없이 바뀔 것입니다.

이 책을 통해 당신에게 꼭 해드리고 싶은 한 가지가 있습니다. 바로 당신의 직업 선택지를 늘려드리는 것이죠. '회사'라는 선택지에서 벗어나, 단돈 만 원이라도 내 힘으로 벌어보는 경험을 한 번이라도 해본다면, 이 세상에 돈 버는 방법이 얼마나 많은지 놀랄 것입니다. 부디 당신이 수많은 돈 버는 방법을 조합해, 수익을 늘려주고, 일상의 행복을 가져다주는 N잡 포트폴리오를 만드는 경험을 해보셨으면 좋겠습니다.

저는 "이 책만 읽으면 누구나 월 1,000만 원의 수익을 벌어들이는 부자가 될 수 있습니다!"라고 말하고 싶지는 않습니다. 왜냐하면 앞으로 당신은 여러 시도를 하며, 많은 실패를 하게 될 테니까요. 또 모든 성장에는 실패가 따른다는 것을 우리 모두 잘 알고 있습니다. 그럼에도 불구하고 제가 당신에게 분명하게 약속할 수 있는 것은, 이 책을 읽는다면 적어도 제가 겪었던 시행착오는 겪지 않을 수 있다는 점입니다.

저는 위대한 사업가도, 누군가의 멘토도 아닙니다. 그저 여전히 성장에 목마른 초보 사업가이자, 크리에이터에 N잡러죠. 그래도 평범한 저의 이야기가 저와 비슷한 길을 걷고 있는 당신에게는 무엇보다 현실적인 이야기가 될 수 있을 것이라고 믿습니다. 더불어 성공한 스타트업 대표들처럼 세상을 바꾸겠다는 근사한 창업 동기가 없더라도, 누구에게나 자신을 바꿀 힘이 있음을 믿는다면, 3년 전의 저에게 해주고 싶은 조언으로 꾹꾹 눌러 담은 문장들이 당신의 앞날에 지침서가 될 것입니다. 모쪼록 그러한 바람으로 적은 제 진솔한 이야기가 당신의 마음에 닿길 바랍니다.

차례

1장

옆집 CEO가 된
옆집 사원

나의 꿈은
고시원에서 시작됐다

저의 첫 자취방은 회사 근처 고시원이었습니다. 가장 싼 자취방을 구하다 보니, 월 30만 원짜리 창문 없는 오래된 남녀 공용 고시원을 숙소로 잡았습니다. 제가 지냈던 고시원이 유독 그랬는지 몰라도, 고시원이란 공간에선 생각보다 상식을 뛰어넘는 일이 자주 일어나곤 했습니다.

제 방 왼쪽에는 60~70대쯤 되어 보이는 할아버지 한 분이, 오른쪽에는 30대 직장인으로 보이는 남자가 살았습니다. 할아버지는 평소엔 조용하다가 가끔 술을 마시고 들어왔는데, 그때마다 고시원 사람 모두 깜짝 놀랄 만큼 큰 소리로 노래를 부르고, 소리를 지르곤 했습니다. 그러면 고시원 총무가 올라와 "할아버지! 이렇게 시끄럽게 하면 여기서 못 살아요. 한두 번도 아니고 자꾸 이러시면 진짜 퇴실이에요. 월세도 아직 안 내셨잖아요." 하고 한바탕 소동을 벌인 뒤에야 고시원이 잠잠해지곤 했습니다.

오른쪽 방에 살던 30대 남자는 인터넷 방송 보는 걸 즐겨 했습니다. 고시원 특성상 가벽 하나를 사이에 두고 방이 나누어져서, 옆방에서 뭘 하고 있는지 다 알 수 있었습니다. 저녁 시간까지는 인터넷 방송을 시청하던 옆집 남자는 꼭 새벽 1~2시쯤 되면 인터넷 방송을 켜 진행을 해 잠을 방해했습니다. 쫄보였던 저는 늦은 밤 혼자서 낯선 남자의 방문을 두드려 말을 거는 게 무서워서, 귀마개를 껴가며 애써 무시하려 했습니다. 그러다 '이대로 갔다간 날을 꼴딱 새우고 출근하겠는데?'라는 생각이 들면, 조심스레 나가 옆집 방 남자의 방문을 똑똑 두드렸습니다. 그리고 기어들어 가는 목소리로 "저기요……, 죄송한데 잠 좀 자게 조용히 말해주시겠어요?" 하고 사정 아닌 사정을 하고 겨우 잠들기도 했습니다.

누가 들었을 땐 '젊은 사람이 고시원에 살면서 고생했다.'고 생각할지도 모르지만, 당시 저는 '이거 꽤 시트콤스러운걸?' 하면서 나름대로 긍정적으로 보내려고 애를 썼습니다. 무슨 근거 없는 자신감이었는지 모르겠지만, 이러한 고생도 나중에 내가 성공하고 나면 하나의 추억처럼 남을 거라는 생각을 했습니다.

하지만 이렇게 긍정적으로 유지하던 멘탈이 한순간 와르르 무너져 내리는 사건이 있었습니다. 당시 저는 부팀장으로 승진을 해 저희 팀과 이웃 팀 팀원을 모두 데리고 점심 회식에 갔습니다. 모두가 모인 자리. 평소 친해질 기회가 별로 없었기에 팀원들은 평소에 물어보지 못했던 소소한 질문을 쏟아내기 시작했습니다. 그러다 팀원 한 명이 툭 말을 꺼냈습니다.

"부팀장님은 어디 사세요?"

어디 사는지 묻는 평범한 질문이었습니다. 그런데 문제는 이 질문이 고시원에 살고 있던 저에겐 가장 피하고 싶은 질문이었던 것입니다. 한두 명이 있는 자리라면 솔직하게 얘기할 수도 있겠지만, 이렇게 회사 사람이 잔뜩 모여 있는 자리에서 제가 고시원에 산다는 것을 굳이 떠벌리고 싶지는 않았습니다. 게다가 그날은 승진 턱을 내는 날이었기에 이날만큼은 팀원들 앞에서 멋지게 보이고 싶다는 마음이 컸습니다. '이러다가 내가 고시원에 사는 거 들키는 거 아니야?' 하며 걱정이 된 저는 대충 얼버무리고 다른 주제로 빠르게 넘어가야겠다고 생각했습니다.

"저 그냥 여기 근처 살아요."

하지만 이런 제 마음을 알 리 없는 팀원은 야속하게도 다시 한 번 되물었습니다.

"오 정말요?! 이 팀장님도 여기 바로 옆에 ○○오피스텔 사시던데, 부딤장님노 거기 사는 거예요?"

더 이상 물러설 곳이 없었습니다.

'오피스텔에 산다고 얘기할까? 괜히 시답지 않은 거짓말을 했다가 나중에 들키기라도 하면, 더 난처한 상황이 생기지 않을까?'

짧은 순간이었지만 오만가지 생각이 빠르게 스쳐 갔습니다. 뭐라고 대답할까 고민하다가, 정면 승부를 하기로 했습니다.

"아, 저 여기 근처 고시원 살아요! 아직 보증금 마련할 정도로 돈을 모으진 못해서요."

저는 최대한 당당하게 보이려고 애쓰며 대답했고, 다음과 같이 몇 마디가 더 오갔습니다.

"진짜요? 그럼 부모님한테 잠깐 빌리면 안 돼요? 여기 그래도 찾아보면 보증금 싼 곳들 있을 텐데, 고시원 사는 것보다 그게 낫지 않아요?"
"아, 그런가요? 그 생각은 못 했어요. 저도 한번 알아봐야겠네요. 고마워요!"

그리고 이야기는 언제 그랬냐는 듯 다른 주제로 넘어갔습니다. '좋아! 자연스러웠어!' 하고 넘어갈 수 있으면 좋겠지만, 그날따라 제 마음은 그렇지 않았습니다.

콤플렉스가 있는 사람에겐 누군가 해주는 선의의 말도 아프게 다가오는 순간이 있습니다. 당장 이번 달 생활비가 없어서 힘들어하는 부모님에게 보증금을 빌려달라는 얘기를 꺼낸다는 게 얼마나 어려운 일인지, 그 팀원은 알지 못했을 것입니다. 왁자지껄 이어지는 점심 식사 자리에서 겉으로는 웃으면서 태연한 척했지만, 속은 요동을 치고 있었습니다.

'이제 다른 팀 팀원들까지 내가 고시원 사는 걸 알게 됐네. 온

회사 사람이 내가 고시원 산다는 걸 다 알겠구나.'

걱정이 돼서 밥이 코로 넘어가는지, 입으로 넘어가는지 몰랐습니다. 그렇게 저는 승진의 기쁨을 맛볼 새도 없이 식사를 마쳤습니다.

젊어서 가난은 부끄러운 게 아니라죠? 그런데 그건 진짜 가난해 보지 못 한 사람이 하는 얘기 아닌가 하는 생각이 들었습니다. 지금까지 꾹꾹 눌러 담고 있던 서러운 감정이 한순간에 폭발했습니다.

'우리 팀에서 가장 열심히 일하는 것도 나이고, 지금까지 남부끄럽지 않게 열심히 살아온 것 같은데, 왜 내 삶은 그대로일까? 이렇게 열심히 산다고 해서 내 삶이 과연 나아질까?'

돌이켜 보면 저는 평생을 돈 콤플렉스를 가지고 살아왔습니다. 이러한 콤플렉스의 뿌리는 어린 시절부터 깊이 박혀있는 가난의 기억에서 시작됐습니다. 아버지는 여러 차례 사업을 했습니다. 잠깐이었지만 한때는 기사 아저씨가 운전해주는 차를 타고 초등학교를 등교했을 정도로 생활이 나쁘지 않은 적도 있습니다. 하지만 사업이 실패로 돌아가면서 집은 말 그대로 쫄딱 망했고, 어머니가 식당일, 공장일을 해가며 벌어온 월 200만 원도 안 되는 돈으로 네 식구가 사는 생활이 반복됐습니다. 때로는 하늘에서 바퀴벌레가 떨어지는 조립식 컨테이너 집에서 살아보기도 하고, 방 안에 쥐가 나와서 침대 옆에 끈끈이 쥐덫을 놓고 자기도 했습니다.

이렇게 과거에 묻어두려 했던 과거의 기억들이 떠오르며 저의 현실을 객관적으로 돌아봤습니다.

'내가 직장에서 열심히 일한다고 해서 지금의 내 삶이 드라마틱하게 변할 수 있을까?'

직장 선배들의 연봉을 보아하니, 아무리 회사 생활을 열심히 한다고 해도 월 500~800만 원 받는 정도가 내가 평생 이룰 수 있는 최고치일 것 같았습니다. 그마저도 나이 40~50대는 족히 돼서야 달성할 수 있지 않을까 싶었는데, 이 정도로는 내 가정을 꾸리고, 부모님의 노후까지 책임지며 살기에는 충분하지 않을 것 같다는 생각이 들었습니다.

'회사 월급만으로는 안 될 것 같아. 다른 방법을 찾아야겠어.'

💬 옆집 CEO의 한마디

당신이 원하는 삶을 살기 위해
필요한 돈은 얼마인가요?
또 현재 상황을 지속했을 때,
당신이 꿈꾸는
이상적인 삶을 살 수 있을지 생각해보세요!

회사 없이 돈 벌기?
가능하다!

　이렇게 저는 월급 외 소득을 버는 방법에 대해 찾기 시작했습니다. 방법을 찾는다고 해봤자 인맥도, 돈도, 스펙도 없는 제가 할 수 있는 게 뭐가 있었을까요. 당시 제가 할 수 있는 일이라고는 무작정 책을 읽는 것 말고는 없었습니다. 일주일에 몇 번을 서점에 들러, 스테디셀러에 오른 웬만한 자기 계발/경영, 돈 버는 방법에 관한 책은 모조리 사서 읽어보았습니다. 책을 읽다 보니 한 가지 사실이 명확해졌는데, 젊은 날에 부자가 되기 위해선 다음 두 가지 중 하나를 해야 한다는 것이었습니다.

첫째, 투자를 한다.

둘째, 사업을 한다.

여기서 투자를 하기 위해선 어느 정도 시드머니가 필요했는데, 당시 제 심리 상태를 봤을 때, 시드머니를 모으기 위한 기간을 버텨낼 자신이 도저히 없었습니다. 그렇다면 남은 대안은 하나, 사업이었습니다.

그렇게 저는 돈 없이도 할 수 있는 사업을 찾아 시도하기 시작했습니다. 광고 수익을 얻을 목적으로, 해외 K-POP 팬을 대상으로 한 페이스북 페이지를 만들어 운영해보기도 하고, 블로그를 운영하며, 원고료를 받고 포스팅을 하기도 했습니다. 이 외에도 인스타그램 페이지 운영, 전자책 만들기 등 다양한 부업을 이것저것 시도해보며 저에게 맞는 부업을 찾아 나갔습니다.

그러던 어느 날, 친구가 카카오톡으로 유튜브 링크 하나를 보내왔습니다.

"이 영상 좀 봐봐."

그 영상의 정체는 지금은 너무나도 유명한 유튜버 신사임당의 '창업다마고치' 시리즈 영상이었습니다. 모르는 분들을 위해 창업다마고치 영상이 무엇인지 설명하자면, 유튜버 신사임당이 친구에게 스마트스토어에서 물건 파는 방법을 알려주는 콘텐츠입니다.

지금이야 스마트스토어가 부업 하면 가장 먼저 떠오르는 키워드가 될 정도로 보편화됐지만, 당시만 해도 소자본으로 쇼핑몰을 운영할 수 있다는 개념이 생소하던 시절이었습니다. 그때 당시 1억 원은 있어야 사업을 시작할 수 있지 않을까 생각했던 저에게는 유레카를 외칠만한 일이었습니다.

그 영상을 기점으로 저는 이제 인생을 바꿀 수 있겠다는 부푼 꿈을 안고 스마트스토어를 개설했습니다. 하지만 그렇게 시작한 스마트스토어에서 빠른 성과를 내진 못했습니다. 돌이켜 보면 첫 1년 정도를 아르바이트보다 못한 수익을 벌며 고생했습니다. 하지만 '수능도 3년 준비하는데, 인생을 바꿀 절호의 기회에 3년을 투자 못할까?' 하는 생각으로 끈질기게 매달렸고, 결국 1년 뒤에 월급을 넘어서는 수익을 버는 데 성공했습니다. 제가 어떻게 스마트스토어를 성공시켰는지에 대해서는 뒷부분에서 자세히 다뤄보도록 하겠습니다.

스마트스토어의 성공 이후에는 모든 것이 일사천리로 진행됐습니다. 대부분의 부업 성공 방식이 비슷하다는 것을 깨달은 뒤, 유튜브, 공동구매, 지식창업 등에 도전했고, 2022년에 들어서는 월 1,000만 원 이상을 꾸준히 벌고 있으며, 많을 때는 괜찮은 세단을 뽑을 수 있을 정도의 돈을 한 달 만에 벌기도 합니다. 물론 다른 사업가들이 보기에는 귀여운 수준이지만, 이제 별 고민 없이 부모님 집의 에어컨을 바꿔드릴 수 있고, 배달 떡볶이가 먹고 싶을 때 부담 없이 시킬 수 있고, 내 힘으로 집을 살 수 있겠다는 희망이 생긴 것만으로도, 적어도 3년 전 내가 꿈꾸던 삶은 모두 현실화됐다는 생각이 듭니다.

지금쯤이면 아마 많은 분이 제가 구체적으로 어떤 방식으로 돈을 벌었고, 그 노하우가 무엇인지 궁금할 것이라 생각합니다. 하지만 실무적인 이야기를 하기 전에 먼저 하고 싶은 이야기가 있습니다. 다음 장에서는 과거의 저와 비슷한 과정을 걷고 있는 분들에게 꼭 해주고 싶은 이야기를 담았습니다. 3년 전의 저에게도 꼭 말해주고 싶은 이야기니 따라와 주시길 바랍니다.

💬 옆집 CEO의 한마디

대부분의 새로운 시작은 성과를 내려면, 시간 투자는 필수입니다. 부업도 딱 3년만 해본다는 생각으로 도전해보세요!

2장

N잡러의 시행착오를 줄여줄 9가지 조언

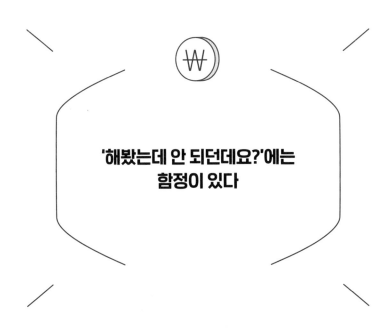

'해봤는데 안 되던데요?'에는 함정이 있다

유튜브에 돈 버는 방법에 대한 영상을 올리면 여지없이 올라오는 댓글이 있습니다. 주로 "내가 해봤는데 안 되더라." 같은 내용입니다. 그런데 막상 그들의 이야기를 자세히 들어보면, 제대로 해본 것이 아닙니다. 제 기준에서는 몇 번 깨작거리다가 만것에 불과하죠.

우리는 대개 직장에서 시간만 보내고, 이렇다 할 업무 성과나스킬을 쌓지 못 한 사람을 '물경력'이라고 합니다. 그런데 N잡러의 세계에도 물경력자가 넘쳐납니다. 예를 들어 스마트스토어에 상품 20~30개 올리고, "이거 안 되네."라거나, 블로그를 한 달 정도 운영해보고, "블로그는 끝물이야."라거나, 유튜브에 영상 몇 개 업로드해보고, "역시 후발주자는 안 돼."라면서 접는 사람들이 바로 물경력자입니다. 하지만 물경력자들이 안 된다고 하는 와중에도, 성공하는 사람들이 있습니다. 그 차이는 조금 진부하게 느껴질 수도 있지만, '노력'의 기준입니다. 이 사실을 잘 보여주는 예시가 있습니다.

앞서 등장했던 유튜버 신사임당의 일화인데요. 그는 과거에 스튜디오 운영을 했습니다. 그때 네이버 파워링크 키워드 광고가 효과 좋다는 사실을 알게 됐다고 합니다. 그래서 스튜디오를 운영하는 다른 사장에게 네이버 키워드 광고가 효율이 높으니 해보라고 권유했죠. 그리고 며칠 뒤 그 사장을 만나 "저번에 알려드린 키워드 광고 효과 어떠셨나요?"라고 물었더니, 효과가 없다는 말이 돌아오더랍니다. 분명 본인은 효과가 좋았는데, 효과가 없다는 피드백에 이상하게 여긴 신사임당은 그 사장이 어떻게 광고를 하는지 살펴보게 됐고, 키워드 몇백 개를 등록해둔 것을 확인합니다. 여기까지만 보면 '키워드를 몇백 개나 등록했다니, 대단한데. 그런데 왜 성과가 없었지?'라고 생각할 수도 있습니다. 그럼, 신사임당은 몇 개의 키워드를 등록했는지 알아볼까요? 무려 20만 개의 키워드를 등록해, 광고했습니다. 이렇듯 성과를 내는 사람이 투입하는 인풋을 하는 양은, 보통 사람이 생각하는 인풋의 양보다 훨씬 많습니다.

그렇다면 우리는 내가 도전하고자 하는 분야가 있다면, 적어도 그 분야에서 성공한 선배들의 인풋을 기본으로 투자한다는 자세로 접근해야 합니다. 아, 꼰대처럼 노력만을 강조하려는 것은 아닙니다. 다만, 당신이 롤 모델로 삼은 사람이 얼마만큼 투자했는지 검토해보고, 내가 그 정도의 인풋을 투자했는지 비교해보는 시간을 가져야 합니다. 비범한 성과를 원한다면, 몰입의 양도 비범해야 하니까요. 그렇다고 "계속하다 보면 언젠가는 성과가 날 거예요. 그러니 제 말을 믿고 노력해보세요."라고 말하고 싶지는 않습니다. 대신 본인만의 포기 시점을 정했으면 합니다. 단, 당신의 롤 모델이 초기에 투입한 인풋만큼 투입했는가를 점검한 다음에 말이죠.

💬 옆집 CEO의 한마디

남들과 똑같은 인풋으로 남다른 아웃풋을 바라는 것은 도둑놈 심보입니다. 정말 성공하고 싶다면 최소한 당신의 롤 모델만큼의 인풋을 해보시길 바랍니다!

목표는 신중하게
실행은 될 때까지

저는 지금까지 총 세 군데의 회사에 다녔는데, 마지막 회사에서 했던 일 중 하나가 성공한 사업가들을 인터뷰하는 것이었습니다. 그때 연 매출이 적게는 10억에서 많게는 수천 억대까지 이르는 다양한 분야의 대표를 만났습니다. 하루는 연 매출 1,000억이 넘는 소프트웨어 회사 대표를 인터뷰하게 됐는데, 그가 했던 말이 지금도 기억에 남습니다. "어떻게 도전하는 모든 사업에서 성공할 수 있었나요?"라는 질문에 1,000억 사업가는 다음과 같이 답했습니다.

"저는 남들보다 내세울 게 없어요. 커리어가 특별하지도 않고, 이렇다 할 인맥이 있는 것도 아닙니다. 하지만 하나 자부하는 건, 제가 목표로 한 것을 대부분 이루었단 점입니다. 전 웬만해선 실패하지 않아요. 왜냐하면 될 때까지 하거든요. 저는 목표를 정할 때, 굉장히 신중한 편입니다. 그렇게 신중하게 목표를 잡고 나면, 뒤도 돌아보지 않고 될 때까지 도전합니다. 이게 제가 실패하지 않는 비결이에요."

그 인터뷰 이후, '목표는 신중하게, 실행은 될 때까지!'가 저의 머릿속에 콕 박혀서, 삶의 지침이 됐습니다. 또 제가 인터뷰했던 성공한 사업가 모두가 본인이 정말로 이루고자 하는 목표가 생기면, 그것을 이루기 위해 엄청난 인풋을 투자하고, 인내한다는 공통점이 있었습니다.

당연히 노력해도 안 되는 것은 있습니다. 제가 지금 아무리 열심히 노래 연습을 해도, 조수미와 같은 성악가가 될 수 없는 것처럼요. 그래도 단 하나 확신할 수 있는 것은, 당신이 몇백억, 몇천억의 자산가를 꿈꾸는 것이 아니라, 월 500~1,000만 원의 수익을 버는 것이 목표라면, 타고난 재능이나 자본금이 없어도 노력만으로도 가능하다는 사실입니다.

옆집 CEO의 한마디

**N잡러에 도전했다면,
신중하게 현실 가능한 목표를 세우고,
꾸준한 실행으로 목표를 달성해보세요!**

최소한
3년의 호흡으로 시작하라

'누구나 월 1,000만 원이라니, 그게 무슨 사기꾼 같은 소리야?'라고 생각할 수도 있습니다. 그런데 저는 분명히 말씀드릴 수 있습니다. 어떤 분야를 선택하든지 월 300~1,000만 원까지는 할 수 있느냐, 없느냐의 문제가 아니라, 내가 했느냐, 하지 않았느냐의 문제라고.

그런데도 제 말을 믿지 못하겠다면, '내가 하려는 일을 3년 동안 꾸준히 했는데도 돈을 벌지 못할까?'라고 시선을 바꿔보면 어떨까요? 자, 느낌이 오지 않는다면 다른 예시를 들어보겠습니다. 가령 '3개월 안에 월 1,000만 원 버는 유튜브 만들기'라는 문장을 보면 어떤가요? 아마도 무의식적으로, '그건 불가능해.'라고 했을 것입니다. 또 그런 생각이 들었으니, 당신의 실행력은 극도로 낮아질 수밖에 없을 것입니다.

반면 '3년 안에 월 1,000만 원 버는 유튜브 만들기'는 어떠신가요? 3개월에서 3년으로 기간을 길게 잡고 목표를 정하면, '해볼 만하지 않을까?'라는 마음이 들 것입니다. 이제 당신이 목표로 하는 수익을 달성하는 일이 비현실적인 이야기가 아니라는 감이 왔으리라 믿습니다.

제가 3년이라는 기간을 정한 기준이 있습니다. 우리는 대학에 가기 위해 최소 3년의 세월을 묵묵히 투자합니다. 하지만 경제적 자유는 물론, 인생을 바꿀 터닝 포인트를 만드는 데 3년을 투자하는 것에는 시간을 아까워합니다. 그뿐만 아닙니다. 좋은 대학에 가기 위해서라면 고액 과외도 서슴없이 결제하지만, 마케팅, 경영 등 새롭게 도전하는 분야에 도움을 줄 몇십만 원의 강의에 투자하는 것은 고민에 고민을 거듭합니다.

만일 앞서 언급한 것처럼, 3년의 세월과 무언가를 시작하는 데 들여야 하는 돈이 아깝다면, 저의 이야기를 해볼까 합니다. 물론 제 사례가 정답일 수는 없지만, 조금이나마 팁을 드릴 수 있지 않을까 하는 마음에 공유하니, 들어주시면 좋을 것 같습니다.

저는 월 33만 원의 고시원에 살면서, 도서 구매비에만 월 30만 원 이상을 썼습니다. 여기에 강의 수강료를 비롯한 기타 투자 비용까지 합치면, 월급의 최소 20~30%를 저 자신을 성장시키는 데 투자했습니다. 이는 저뿐만이 아니라 대부분의 성공한 사업가가 거치는 과정이기도 합니다. 그러니 당신의 인생을 바꾸는 데 투자하는 것을 아끼지 말았으면 합니다. 호흡을 길게 갖고, 충분한 노력을 기울이면, 결과는 분명히 돌아올 테니까요.

다음은 제가 목표를 세울 때마다 적용하는 '좋은 목표를 세우는 기술'입니다. 이 내용을 바탕으로 당신에게 맞는 목표를 세워, 성취감을 느끼며, 성장해 나아가길 소망합니다.

좋은 목표를 세우는 기술 >>>

'목표를 크게 잡아라.'라는 말이 있지만, 무엇이든 처음 도전하는 분야에서는 월 1,000만 원은커녕 월 100만 원을 버는 것도 불가능해 보일 때가 있습니다. 그럴 때는 억지로 높은 목표를 설정하려고 하지 말고, 내가 받아들일 수 있는 수준까지 낮춰서 목표를 잡아야 합니다. 왜냐하면 심리적인 부담감이 있으면, 자연적으로 실행이 느려지고, 동기부여 수준이 낮아지기 때문입니다.

예를 들어 월 1,000만 원이라는 수익이 비현실적으로 느껴진다면, 월 100만 원으로, 월 100만 원도 부담스럽다면, 월 10만 원으로 심리적인 부담이 없는 범위까지 목표를 낮춘 다음, 실행에 옮기는 것입니다. 그렇게 실행에 옮겨 목표를 현실로 만든다면, 자연스럽게 더 큰 목표가 부담 없이 받아들여질 것입니다. 만일 이것이 가능해진다면 'SMART 기법'에 따라 목표를 세워보는 것을 추천합니다. 이는 목표 달성 확률을 높여줄 것입니다.

목표를 세우는 SMART 기법

▸ Specific: 목표는 구체적이어야 합니다. '돈을 잘 번다.'보다는 '올해 연봉 20% 이상 높인다.'라는 목표가 더 구체적인 목표입니다.

▸ Measurable: 목표는 수치화할 수 있어야 합니다. '살을 뺄 것이다.'라는 목표보다는 '3kg을 감량할 것이다.'라는 목표가 더 좋은 목표입니다.

▸ Achievable: 목표는 달성 가능해야 합니다. 설득력이 없는 목표이거나, 너무 이상적이거나, 고상한 목표를 세워서는 안 됩니다

▸ Realistic/Relevant: 목표는 현실적이고, 내가 궁극적으로 성취하려는 것과 관련성이 있어야 합니다. '지금 이것이 왜 나의 목표인가?', '이 목표가 실제로 실현 가능한가?'를 되물어 보는 것이 좋습니다.

▸ Time-bound: 목표에 기한을 두는 것은 실행력을 높이는 데 있어서 매우 중요합니다. '월 100만 원을 추가로 벌 것이다.'라는 목표보다 '12월 20일까지 월 100만 원을 달성할 것이다.'와 같은 목표가 더 좋은 목표입니다.

💬 옆집 CEO의 한마디

**높은 목표가 부담스럽다면,
낮은 목표로 성취감을 느끼며 나아가는 것도
좋은 방법입니다!**

기본기 없이
빠른 성과를 바라지 말자

유튜브에는 '3개월 만에 월 1,000만 원 수익 달성'의 성공 사례가 자주 등장합니다. 저 역시 유튜브를 운영하면서, 단기간에 성과를 낸 유튜버들을 만났는데, 그들은 이미 탄탄한 기본기를 갖추고 있었다는 사실을 깨달았습니다.

예를 들어 제가 도전한 직업 중에는 '공동구매 중개'가 있었는데, 이것을 배우고 실행까지 하는 데 걸린 시간이 일주일이었습니다. 물론 배우는 시간을 제외하고, 실제 실행한 시간만 계산하면 6시간이 채 되지 않습니다. 또 저는 6시간도 되지 않는 인풋으로, 150만 원의 수익을 얻었고요.

그런데 정말 제가 6시간을 투자해서 150만 원을 번 것이 맞을까요? 곰곰이 따져보면, 저는 6시간보다 몇 배 넘는 시간을 투자했습니다. 왜냐하면 저는 그 이전에 3년 동안 여러 부업에 도전했고, 그러면서 자연스럽게 마케팅, 유통, 협력사 관리 등에 대한 노하우를 쌓아왔으니까요. 이런 기본기가 뒷받침됐으니, 효율이 빠르게 찾아온 것입니다.

이 같은 사정도 모르고, 많은 초보 N잡러가 성공한 N잡러의 결과만 보고, 빠른 성과를 바랍니다. 이는 내가 덧셈과 뺄셈도 모르면서, 미적분 문제를 풀려고 하는 것만큼이나 비현실적인 목표입니다.

💬 옆집 CEO의 한마디

빠른 성과의 비결은 기본기입니다. 다른 사람의 결과만 보고 조급해하지 말고, 기본기부터 쌓으세요!

초보일수록
그냥 해라

제가 스마트스토어 또는 N잡 관련 강의를 하면서 깨달은 것은, 사람들이 기술이나 능력이 부족해서 성과를 못 내는 것이 아니라는 사실입니다. 그들에게 부족한 것은 실행력입니다. 대부분이 실행을 하지 않았다는 단순한 이유 하나만으로 성공을 못합니다. 그저 유튜브로 영상만 보면서, 성공한 사람들을 부러워하며, 아무것도 하지 않죠. 한마디로 인풋만 하는 것입니다.

그런데 정말 성과를 내고, 성공을 하고 싶다면, 인풋과 아웃풋의 비율을 바꿔야 합니다. 일반적으로는 강의 듣기처럼 지식과

정보를 습득하는 인풋에 80%의 비중을 두고, 나머지 20%에 아웃풋의 에너지를 쏟지요.

한편 성과를 내는 사람은 인풋에 20%를, 아웃풋에 80%의 열정을 붓습니다. 만약 방향만 맞는다면, 20%의 인풋만으로도 충분히 결과물을 만들어냅니다. 그러니 인풋을 했다면, 어떻게든 실행으로 옮겨보시길 바랍니다. 특히 초보일수록 배운 그대로 시도해볼 것을 추천합니다.

 옆집 CEO의 한마디

만일 초보 N잡러라면, 배운 대로 '그냥' 따라 하는 것만이라도 해보세요!

엄청난 노하우란
없다

많은 사람이 노력했을 때 성과가 나지 않으면, 성공한 사람에게는 엄청난 노하우가 있을 거라고 생각합니다. 하지만 이는 착각에 지나지 않습니다. 왜냐하면 이 세상에 숨겨진 비밀이나, 아무도 모르는 특급 노하우 같은 건 거의 없으니까요. 설령 그런 노하우가 있다고 하더라도, 그 노하우가 초보인 내 귀에까지 올 가능성은 더더욱 없습니다.

그렇다고 아쉬워하지는 마세요. 대단한 노하우가 있어서 성공했을 것이라고 보이는 사람도, '그냥' 했기에 이룬 성과일 뿐이거든요. 그냥 한 것만으로도 성장을 하고, 성과를 내고, 성공으로 다가갈 수 있는 이유는, 대부분의 사람이 생각만 하기 때문입니다. 도무지 뭔가를 하지 않는다는 것이죠. 성공한 사람에게는 무조건 비밀 무기가 있을 것이라고 확신하면서요. 저 또한 강의안을 구성할 때, 남모를 비법이 있을 것이라고 믿는 사람들로 인해 중요하지도 않은 억지 노하우를 꾸며서 알려줘야 하나 생각할 정도입니다.

다시 한번 말하지만, 이 세상에는 놀랄만한 비결은 없습니다. 만일 이것을 검증해보고 싶다면, 당신이 보고 들은 초급 강의의 내용을 그대로 실행해보세요. 아마도 무난히 중간치의 성과를 낼 수 있을 것입니다. 그러나 여전히 이 말을 믿지 못하고, 성공한 사람에게는 말하지 않는 무언가가 있을 것이라고 의심한다면, 성공과는 점점 멀어지는 길을 가게 될 것입니다.

💬 옆집 CEO의 한마디

N잡러 세계에서는 특급 비밀이란 없으니, 의심 말고 공부한대로 실행해보세요!

노력에도
한계는 있다

지금까지 제가 노력과 실행력을 강조했지만, 노력에도 한계는 있습니다. 이를 설명하기 위해 질문 하나를 해보겠습니다. 대학가에서 떡볶이 장사를 하는 A 씨는 급하게 목돈을 마련해야 할 처지가 됐습니다. 3개월 내에 매출을 2배 이상 올려야 하는데, 이러한 상황에서 A 씨가 해야 하는 일이 무엇일까요?

① 매일 떡볶이를 2배 더 만든다.

② 입간판을 눈에 띄게 개조하고, 인근 대학 커뮤니티에 홍보 글을 올린다.

정답은 두말 할 것 없이 ②번일 것입니다. 하지만 만일 A 씨가 돈을 더 벌겠다고 더 많은 떡볶이를 만든다고 해봅시다. 하루 100인분 만들던 떡볶이를 200인분 만든다고 수입이 늘어날까요? 아닙니다. 오히려 남는 음식만 늘어나서, 손해가 생길 것입니다. 그러니 양을 늘릴 것이 아니라, 다른 방향으로 노력해야죠. 신메뉴를 개발하거나, 리어카가 더 눈에 띌 수 있도록 디자인을 변경해보거나, 인근 대학 커뮤니티에 홍보 글을 올리는 등 전혀 다른 방식으로 접근해야 합니다.

여기서 제가 드리고 싶은 이야기는 노력할 때는 피드백과 개선이 항상 따라야 한다는 것입니다. 예를 들어 스마트스토어로 돈을 벌고 싶은데 성과가 나지 않으면, 무작정 상품을 더 많이 등록하기보다, 잘 팔리는 스마트스토어의 상세페이지와 키워드를 분석하여, 내가 하는 방식이 아닌 다른 마케팅을 시도하는 것이 더 효율적이란 뜻입니다.

💬 옆집 CEO의 한마디

노력도 방향에 맞아야 성과를 낼 수 있습니다!

나에게 벌어질 수 있는
최악을 가정해보자

 잠시 '퇴사'에 대해 이야기해보려 합니다. 퇴사는 제가 한 번 쯤은 꼭 다루고 싶은 주제였습니다. 하지만 지금까지 블로그나 유튜브 등 어떤 매체에서도 꺼내지 못한 이유는 퇴사라는 주제 는 자칫하면 엄청난 공격을 받을 수 있어서였습니다. 이 글을 쓰 는 지금도 그 염려를 완전히 내려놓은 것은 아니지만, 과거의 저 와 같이 퇴사를 고민하는 분들을 위해 퇴사에 대한 제 생각을 정 리해봅니다.

 결론부터 말씀드리면, 본인이 미혼이고, 30대 초반 이하이거나, 이보다 나이가 많더라도 언제든지 재취업이 가능한 상황이라면, 퇴사는 생각만큼 위험한 선택지가 아닙니다. 그런데 저처럼 어떤 일을 하고 싶은데, 도무지 용기가 나지 않는다면, 자기에게 일어날 수 있는 최악의 상황이 무엇인지 가정부터 해볼 것을 권합니다.

제 경우를 예시로 들자면, 퇴사 후, N잡러의 삶을 시작했을 때, 과연 직장 없이 생활할 수 있을 것인가에 대한 고민을 수도 없이 했습니다. 또 6개월 동안 노력했음에도 홀로서기에 실패했다고 가정했을 때, 저에게 벌어질 수 있는 최악의 상황을 다음과 같이 적어봤습니다.

퇴사 후 나에게 벌어질 수 있는 최악의 상황 >>>
① 6개월 정도 경력이 단절된다.
② 마지막 연봉보다 연봉이 깎인다.
③ 6개월 치 생활비를 잃는다.

이렇게 적고 나니 마음이 한결 가벼워졌습니다. 이유인 즉, 모두 제가 어느 정도 감당할 수 있는 영역이었던 것이죠.

혹, 퇴사 후 내가 재취업을 할 수 있는지, 없는지 알아보고 싶다면 '리멤버', '잡코리아', '사람인' 등의 구인 구직 사이트에 나의 이력서를 오픈해두고, 다른 회사에서 입사 제안이 오는지 확인해보면 됩니다. 이를 통해 시장에서 나의 가치와 수요를 확인할 수 있습니다.

💬 옆집 CEO의 한마디

퇴사가 고민이라면, 퇴사 후 일어날 수 있는 최악의 상황을 먼저 적어보세요!

목표 달성의 본질은
더하기가 아닌 빼기이다

워런 버핏 일화를 하나 소개해 드리겠습니다. 제 인생에 너무 큰 영향을 미친 내용이라, 제가 운영하는 유튜브와 강의에서 여러 번 언급하기도 했습니다.

워런 버핏의 비행기 조종사인 플린트라는 사람이 있었습니다. 그는 직업 덕분에 비행기 안에서 버핏과 간단한 대화를 나눌 수 있는 행운아였습니다. 어느 날 플린트는 자기의 경력과 목표에 대해 고민하던 중, 버핏에게 조언을 구했습니다. 그러자 버핏은 "자네는 목표가 무엇인가? 현재 가장 중요한 목표 25가지를 적어보게."라고 했죠. 플린트가 몇 분에 걸쳐 목록을 완성하자, 버핏이 "이제 그중에서 자네에게 가장 중요하다고 생각하는 5가지에 동그라미를 쳐보게."라고 말했습니다. 그렇게 중요한 5가지에 동그라미를 치던 플린트가 뭔가를 깨달은 듯 "아! 이제 당장 제가 해야 할 일이 뭔지를 알았습니다. 지금부터 가장 중요한 5가지에 집중하겠습니다."라고 했지요. 이런 플린트에게 버핏은 "그럼 동그라미 치지 않은 나머지 목표는 어떻게 할 건가?"라고 물었고, "나머지 20가지도 놓칠 수 없으니 시간 날 때마다 틈틈이 노력해서 달성할 수 있도록 노력해야겠죠."라고 답하는 플린트에게 버핏이 고개를 저으며 말했습니다. "아니지. 그게 아니야. 자네는 지금 실수하는 거야. 동그라미 친 5가지 외의 목표는 어떻게든 버려야 한다네. 자네가 가장 중요하다고 생각하는 5가지 목표를 전부 달성하기 전까지는 나머지 20가지 목표에 관심도 기울여서는 안 되네. 자네가 중요하다고 생각하는 것에 명확히 집중해야 일을 제대로 끝낼 수 있다네. 이게 자네에게 줄 수 있는 내 선물일세."라고 했습니다.

이 일화에서 알 수 있듯, 목표 달성의 본질은 무엇을 더 하는가가 아닌 무엇을 하지 않을까에 있습니다. 이는 비단 워런 버핏 뿐만이 아닙니다. 애플 전 CEO 존 스컬리는 이렇게 말했습니다.

"스티브 잡스가 다른 사람들과 다른 점은, 무엇을 할 것인가가 아니라, 무엇을 하지 않을 것인가에 대한 결단을 내리는 데에 있다."고.

이처럼 성공한 사람은 선택과 집중이 목표 달성의 본질이라는 것을 알고 있습니다. '무엇을 할 것인가?'보다 '무엇을 하지 않을 것인가?'가 더 중요합니다. 즉, 무수하게 쏟아지는 선택지 속에서 옥석을 가려, 그 한 개에 집중해야 합니다. 만일 중요하지 않은 일에 시간과 힘을 낭비한다면, 우리들이 진정으로 원하는 목표를 달성하는 것은 불가능합니다.

당신이 앞으로 N잡에 도전한다면, 이것도 좋아 보이고, 저것도 좋아 보이는 경험을 하게 될 것입니다. 하지만 똑같은 100의 인풋을 투자하더라도 A, B, C, D, E 5가지 부업에 20%의 인풋을 나눠서 투입하는 것보다, A에 100%의 인풋을 투입하는 게 훨씬 효율적입니다.

여기서 "옆집 CEO 님은 이미 여러 개의 직업을 갖고 있으면서, 독자한테는 한 개에만 집중하라니 모순 아닌가요?"라고 할 수 있습니다. 하지만 저는 한 가지 부업이 온전히 손에 익어서 어느 정도 성과를 내고, 자동화가 되기 전까지는 다음 직업을 넘보지 않습니다. 다시 말해, 스마트스토어가 어느 정도 매뉴얼화가 될 만큼 익숙해지고 난 뒤에야 유튜브를 시작했습니다. 그러므로 여러 부업에 도전하고 싶더라도, 한 가지 분야에서 명확한 성과를 낸 뒤 다음 부업으로 넘어가는 것이 좋습니다.

💬 옆집 CEO의 한마디

N잡에서도 가장 중요한 것은 선택과 집중입니다!

3장

반드시 성공하는
N잡의 원리

N잡 원리를 알고
삽질을 줄이자

지금부터 본격적인 이야기를 시작해보겠습니다. 저는 지금까지 10가지가 넘는 부업을 경험했습니다. 스마트스토어·페이스북 페이지·인스타그램·블로그·유튜브 운영, 전자책·강의 판매, 렌탈 스튜디오 창업, 공동구매 등. 이 외에도 자잘한 부업까지 합치면, 20여 개가 될 듯합니다. 이런 시간과 노하우가 축적된 결과, 지금은 많을 땐 직장 다닐 때 연봉을 한 달 만에 벌기도 하는 '프로 N잡러'가 됐습니다.

이렇게 다양한 부업에 도전하면서 느낀 점 중 하나는 대부분의 부업에는 공통된 성공 원리가 있다는 점이었습니다. 이 책을 읽고 있는 대한민국 국민이라면, 어린 시절 구구단을 열심히 외운 기억이 있을 것입니다. 그런데 수학은 암기과목도 아닌데, 우리는 왜 그토록 열심히 구구단을 외웠을까요? 이유는 간단합니다. 시간 단축이죠. 매번 문제를 풀 때마다 0에서부터 계산하는 사람보다, 간단한 계산은 빠르게 끝내고, 본격적인 문제 풀이로 진입하는 사람이 압도적으로 빠르게 문제를 풀 수 있습니다.

N잡의 세계도 마찬가지입니다. 무작정 부업에 뛰어들기에 앞서 공식을 알아둔다면, 시행착오 기간을 확실히 단축할 수 있습니다. 이에 이번 장의 목적은 이 책을 읽는 당신이 굳이 돌아가지 않아도 되는 길을 힘겹게 돌아가지 않도록 가이드를 해드리는 것입니다.

단순하지만 이 팁을 알고 시작하는 것만으로도, 최소 1주일~1년의 세월은 아끼실 수 있으리라 확신합니다. 구구단을 외우고 있는 아이가 어려운 수학 문제를 더 빨리 풀 수 있는 것처럼 말이죠.

앞으로 알려드릴 팁을 바탕으로 N잡러를 꿈꾸는 당신이 제가 겪었던 시행착오를 겪지 않고 지름길로 갈 수 있길 바랍니다.

옆집 CEO의 한마디

**부업, 무작정 시작하지 말고,
성과를 내는 공식부터
파악하세요!**

N잡,
망하는 공식부터 파악하자

지난 3년간 N잡에 도전하면서 알게 된 또 다른 사실은 성공하는 N잡에만 패턴이 있는 게 아니라, 실패하는 N잡에도 전형적인 패턴이 있다는 것이었습니다. 아래 스토리는 N잡 실패의 전형적인 패턴이니, 혹시 당신의 상황과 비슷하지 않은지 생각하며 읽어 보면 좋겠습니다.

28살 직장인 지연 씨는 퇴근길에 우연히 유튜브에서 '네이버 블로그로 월 500만 원 수익을 얻고 있어요!'라는 제목의 영상을 봤습니다. 유튜브 게스트는 "1일 1 포스팅을 성실히 하다 보면, 짭짤한 애드포스트 수익이 생기고, 노하우가 쌓이면, 제품 협찬은 물론 수십만 원의 원고료를 받으면서 디지털 노마드로서의 삶을 살 수 있다."며, 실제 본인도 퇴사 후, 블로그 운영을 통해 전국을 여행하면서 여유 있는 삶을 즐기고 있다고 했습니다. 당사자의 생생한 고백을 듣고 나니, 꽤 솔깃했습니다.

이에 지연 씨는 '여행 블로거라니. 내가 꿈꾸던 삶이네. 정말 네이버 블로그가 돈이 되나? 예전에 블로그 조금 해봤는데, 이 기회에 다시 한번 해볼까?'라는 생각을 하게 됩니다. 그날따라 상사에게 실컷 깨져서인지는 몰라도, 블로그 투잡에 대한 기대에 부풀어 집으로 돌아옵니다. 성공만 한다면, 그토록 가기 싫은 회사도 다닐 필요가 없고, 돈 걱정에서도 해방될 수 있을 것이라는 꿈을 꾸면서 말이죠.

그렇게 지연 씨는 그날부터 블로그 키우기와 관련한 유튜브를 찾아 구독하기 시작합니다. 웬만한 영상을 보고 나니 자기도 블로그로 부수입을 만들어, 퇴사까지 가능할 것만 같은 자신감이 생겼습니다. 드디어 블로그로 수익을 내는 희망을 품은 지 약 3주 만에 처음으로 블로그 포스팅을 했습니다. 그런데 조회수 7회. 2시간 동안 공들여 작성한 포스팅의 결과라고 하기에는 참담했습니다. 그렇지만 지연 씨는 '그래, 난 초보니까 처음부터 방문자 수가 늘긴 어렵겠지. 더 고퀄리티로 포스팅하다 보면 내 블로그도 금방 클 거야.'라며 마음을 다잡고, 열심히 포스팅했습니다. 2주 동안 7개의 포스팅을 했지만, 1일 방문자 수는 고작 154. 물론 처음보다 오르긴 했지만, 이 속도로 파워 블로거가 돼서, 수익을 내는 데까지 기다리려니 막막했습니다. 급기야 블로그로 돈을 벌 수 있다는 희망은 사라지고, '네이버 블로그는 끝물이라 나같이 이제 시작하는 사람은 돈 못 버는 거 아니야? 유튜브에 나오는 사람들은 초창기에 진입했으니까 저 정도 수입을 냈겠지. 내가 도전한다고 해서 돈을 벌 수 있을까?'와 같은 의심만 가득해집니다.

그리하여 지연 씨는 블로그를 시작한 지 한 달도 채 되지 않아 블로그 권태기를 겪습니다. 그러던 중, 유튜브에서 '티스토리 블로그로 온라인 건물주 됐어요!'라는 영상을 발견합니다. 들어보니 네이버가 아닌 구글을 기반으로 한 티스토리 블로그는 네이버 블로그에 비해 경쟁이 심하지 않아서, 지금 시작해도 늦지 않다는 것이었습니다. 그리고는 '역시 안 되는 이유가 있었어. 네이버는 이미 포화 상태 같으니 티스토리 블로그로 수익을 내보자!'라며, 다른 부업으로, 그리고 또 별다른 성과를 보지 못하면 다른 부업으로 눈을 돌립니다.

혹시, 지연 씨의 사연을 보며 한 군데라도 '어? 이거 내 얘긴데?' 싶은 부분이 있나요? 그렇다면 축하드립니다. 이제부터 당신은 더 이상 이런 시행착오를 겪지 않을 기회를 얻었으니까요.

지연 씨의 N잡 도전기는 몇몇 사람만의 이야기가 아닙니다. 사실 제가 만난 대부분의 초보 N잡러는 이런 패턴으로 부업에 도전합니다. 유튜브에서 누군가가 돈 벌었다는 이야기만 듣고, 솔깃해서 그 부업을 시작했다가, 몇 번 깨작깨작해보고, 그마저도 2~3개월도 지속하지 못하죠. 그러다가 또 누군가가 돈 벌었다고 하면, 쪼르르 새로운 부업에 기웃거립니다. 사실 저 또한 직장에 다닐 때 이런 식으로 시간 낭비를 많이 했습니다.

그런데 말입니다. 제3자의 눈으로 지연 씨의 상황을 보니 어떤가요? 지연 씨가 과연 돈을 벌 수 있을 것 같나요? 아마 대부분 '저렇게 해서는 돈 못 벌지.'란 생각을 할 겁니다. 그렇다면 지연 씨가 이런 삽질을 더 이상 하지 않고 가능한 최단기간 내에 성과를 내려면 어떻게 해야 할까요? 아래와 같은 행동을 피하고, 다음 장부터 제시하는 내용을 반복하면 됩니다.

투잡 망하는 방법 >>>

① 남들 돈 벌었단 얘기만 듣고 시작한다.

② 1~2주 설렁설렁해본다.

③ 안될 것 같으면 재빠르게 돈 될 것 같은 다른 부업을 알아보며 깔짝댄다.

④ 실행하면서도 '이게 될까 말까?' 하면서 계속 주춤한다.

---

⑤ '투잡 성공하는 방법' 등의 영상을 종일 본다.

⑥ 영상을 보는 시간이 실제 실행하는 시간보다 많다.

⑦ 단기간 내에 성과를 내겠다고 얘기하면서 하루 4시간도 집중하지 않는다.

⑧ 앉아 있는 시간만 길고 실제 일하는 시간은 적다.

⑨ 나는 시간이 없어서 못 한다는 핑계를 입에 달고 산다.

⑩ 이것저것 건들지만 제대로 해보진 않는다.

💬 옆집 CEO의 한마디

N잡러가 되기로 했다면, 확실한 목표를 갖고 제대로 집중하세요!

알고리즘부터
공부하자

대부분의 부업은 특정 기업의 플랫폼을 이용합니다. 만일 인플루언서로 수익을 늘리고 싶다면, 인스타그램, 유튜브, 틱톡과 같은 플랫폼을 이용하고, 블로그로 돈을 벌고 싶다면 네이버나 구글에서 제공하는 서비스를 이용합니다. 또 온라인 셀러가 되고 싶다면 쿠팡이나 네이버 쇼핑을 이용하죠.

그런데 당신이 디지털 N잡러로서 성과를 내고 싶다면, 당신이 활용하는 플랫폼의 생태계를 잘 알아야 합니다. 오프라인에 매장을 차릴 때, 상권 분석을 하는 것처럼 온라인에서도 상권 분석이 필요하다는 의미입니다.

잠시 제 이야기를 해보겠습니다. 제가 도전했던 부업 중 시행착오 기간이 압도적으로 짧았던 것이 있습니다. 바로 유튜브입니다. 제가 운영하는 '옆집 CEO' 채널은 영상 단 4개로, 1만 구독자를 달성했습니다. 아직 유튜브를 해보지 않았다면, 이것이어느 정도의 속도인지 체감하지 못할 수도 있습니다. 그런 분을위해 설명을 덧붙이자면, 유튜브 분석 사이트 '녹스 인플루언서'의 통계에 따르면, 구독자 1만 명까지 가는 데 평균 334일~767일이 소요되며, 영상도 39개~83개를 업로드해야 합니다. 단순히 업로드 영상 개수로 계산했을 때, 제 유튜브 채널은 일반적인유튜버보다 약 20배 정도 빠르게 1만 구독자를 만든 것입니다.참고로 옆집 CEO 채널은 저의 첫 유튜브 채널로, 처음부터 시행착오 없이 유튜브에 성공했다고 할 수 있습니다.

이런 저의 이야기에 '운이 좋아서 알고리즘 탄 거 아니야?' 또는 '알고리즘 신의 선택을 받으면 누구든 그 정도 성과 못 내겠어?'라고 생각하실지 모르겠습니다. 물론 운이 작용했을 수도 있습니다. 하지만 저는 그다음 4개 영상으로 2만 구독자를, 그리고 그다음 4개 영상으로 3만 구독자를 달성했습니다. 12개의 영상으로 3만 구독자를 달성한 셈입니다. 어떠한 결과를 두고, 실력인지 운인지 판단하고 싶다면, 그것이 반복 가능한지를 확인해보면 된다고 하지요? 가령, 스마트스토어로 어쩌다 한 번 월 매출 1,000만 원을 낸 건 운일 수 있지만, 다음 달에도, 또 다음 해에도 계속해서 그 매출이 이어진다면, 그 사람은 "월 1,000만 원의 매출을 낼 수 있는 실력이 있다."고 말할 수 있습니다. 마찬가지로 제가 꾸준하게 유튜브를 영상 수 대비 빠르게 성장시킨다면, 그건 운이 아니라 실력인 것입니다.

세상에 돈 버는 방법에 대해 얘기하는 유튜버가 정말 많습니다. 실제 유튜브에는 저보다 돈을 수백 배는 더 많이 버는 사업가가 넘쳐나고, 또 전문 편집자를 두고 지상파 방송 퀄리티의 영상을 제작하는 사람도 많습니다. 그럼에도 불구하고 제가 큰 시행착오 없이, 저보다 큰 성공을 거둔 분들보다 빠르게 유튜브 채널을 성장시킬 수 있었던 비결은 무엇일까요? 여러 이유가 있겠지만, 가장 결정적인 요인 한 가지만 꼽으라고 한다면, 저는 유튜브를 시작하기 전에 유튜브 알고리즘을 공부한 덕분이라고 답하고 싶습니다. 알고리즘 공부를 통해 유튜브가 좋아하는 콘텐츠의 특징을 분석함으로써 그에 맞게 콘텐츠를 제작했고, 그로 인해 첫 영상부터 알고리즘의 선택을 받을 수 있었습니다.

당신도 어떤 부업을 본격적으로 시작하려고 한다면, 제가 그러했듯 가장 먼저 해야 할 일은 당신이 이용할 플랫폼의 알고리즘과 플랫폼 생태계를 분석하는 것입니다. 이 원칙을 지킨다면 최소 1주일~3개월의 시간을 단축할 수 있습니다.

한 번 더 언급하지만, 온라인 플랫폼 분석은 오프라인의 상권 분석과 같습니다. 당신이 오프라인에 예쁜 카페를 낸다고 가정해보겠습니다. 이때 될 대로 되라는 심정으로 아무 곳에나 무턱대고 가게를 오픈할 건가요? 분명 아닐 겁니다. 적어도 해당 지역의 유동 인구가 얼마나 되는지, 주 고객층의 나이와 직업이 어떻게 되는지, 손님 많은 카페는 어떤 특징이 있는지, 반대로 장사가 안되는 카페의 원인은 무엇인지, 잘 팔리는 메뉴는 무엇이고, 인테리어는 어떠한지 등 다양한 조사를 하겠죠. 그래야 실패 확률을 줄일 수 있으니까요. 온라인에서도 마찬가지입니다. 당신이 어떤 플랫폼을 이용하기로 마음먹었다면, 그 플랫폼은 어떤 알고리즘을 가졌는지, 유저들의 성향이 어떤지, 어떻게 해야 내 상품 혹은 콘텐츠를 플랫폼 상단에 위치시킬 수 있는지, 플랫폼 메인에 올라온 콘텐츠 혹은 상품은 어떤 특징을 가졌는지 등에 대해 반드시 연구해야 합니다. 플랫폼의 특성을 이해하지 않고 뛰어드는 것은 상권을 분석하지 않고, 그 시장에 뛰어드는 것과 같으니까요.

새로운 부업을 시작하려는 대부분의 사람은 플랫폼 분석 없이 '그저 열심히 하면 되겠지!'라는 생각으로 도전합니다. 그렇게 막무가내 인풋을 투입하다 보니, 성과는커녕 "유튜버 말은 다 거짓말이야!"라는 말을 하게 됩니다.

여러 번 강조해도 지나치지 않으니 다시 한번 알려드립니다. 콘텐츠를 올리고, 알고리즘 분석을 하는 게 아니라, 알고리즘부터 학습한 뒤에, 콘텐츠를 올려야 합니다. 그래야 성과가 빨리 납니다. 예를 들어 블로그를 시작하고 싶다면, 닥치는 대로 글을 쓸 게 아니라, 네이버 또는 구글의 알고리즘부터 공부해야 하고, 인스타그램 인플루언서가 되고 싶다면, 인스타그램 알고리즘을 먼저 파악해야 합니다. 노력은 언제나 중요하지만, 잘못된 방향의 노력은 본인을 지치게 만듭니다. 방향과 노력이 어우러져야만 성과를 낼 수 있음을 반드시 기억하길 바랍니다.

다시 지연 씨의 사례로 돌아가 보겠습니다. 지연 씨는 조급한 마음이 들었더라도, 네이버와 구글의 알고리즘부터 파고들었어야 합니다. 당연히 처음에는 하루라도 빨리 부수입을 만들고 싶은 마음에, 공부하는 시간이 아깝게 느껴질 수 있습니다. 하지만 알고리즘을 터득하고 나면, 시행착오를 최소 절반 이상을 줄여 주므로, 오히려 시간을 절약하는 방법입니다. 그러니 알고리즘 공부에 투자하길 바랍니다. 또 돌아가는 것처럼 보이는 길이 가장 빠른 길일 수 있음을 잊지 마세요. 아래는 알고리즘을 익히는 법입니다. 꼼꼼히 읽어보고, 보다 빠른 성과를 내길 바랍니다.

알고리즘 공부 팁 >>>

① 알고리즘 관련 영상 최소 10개, 잘 정리된 블로그 20편 이상 보면 필수 알고리즘 80% 이상은 익힐 수 있다.

② '네이버 블로그 알고리즘', '유튜브 알고리즘' 등의 키워드로 검색해 공부한다.

③ 초보 시절, ①~②번보다 더 좋은 방법은 없다. 그러므로 알고리즘 공부만을 위해 비싼 유료 강의를 들을 필요는 없다.

④ 알고리즘은 자주 바뀐다. 그러니 최소 1년 이내의 콘텐츠를 보자.

⑤ 인스타그램, 유튜브, 구글 등 해외 플랫폼을 이용할 경우, 영어 콘텐츠를 검색하면 양질의 최신 정보를 탐색할 수 있다. 영어가 서툴다면 네이버 클로바 노트의 음성녹음&번역 기능을 활용해라.

 옆집 CEO의 한마디

N잡을 하려면, 당신이 선택한 기업의 플랫폼부터 분석해야 합니다!

성공 패턴을 분석해라

어떤 부업을 시작했을 때 성공 가능성을 예상해보는 방법은 해당 분야에서 성공한 사람들의 나이, 성별, 직업, 능력, 성격 등의 패턴을 분석하는 것입니다. 그리고 그 사람들과 나 사이에 공통점이 있는지 살펴보는 것이죠. 만약 공통점이 많다면 나도 그 부업을 도전했을 때, 성공할 확률이 높겠지만, 반대의 경우라면 성공 확률이 낮을 것입니다. 몇 가지 사례를 들어보겠습니다.

인스타그램 또는 블로그를 통해 공동구매로 단기간 내에 적은 팔로워 수로도 성과를 거둔 사람들은 '육아맘'이라는 특징이 있습니다. 공동구매 셀러로 성공하려면, 타깃 모으는 능력이 있어야 하고, 그 타깃이 구매력을 갖춰야 합니다. 그에 더해 타깃 그룹이 온·오프라인 커뮤니티가 잘 형성되어 있고, 바이럴에도 민감하다면 성과를 내기에 안성맞춤입니다. 이러한 관점에서 육아맘들이 공동구매 영역에서 성과를 내는 것에 납득이 갑니다. 왜냐하면 육아맘은 온 가족의 소비를 결정하는 주체가 되는 구매 결정권자이고, 다른 육아맘과 소통하며 정보를 얻으려는 성향도 강해 바이럴 임팩트도 큽니다. 이로써 대부분의 육아맘이 궁금해할 정보를 공유하고, 소통한다면, 다른 그룹에 비해 빠르게 성장할 가능성이 높습니다.

또 다른 예시를 들어보겠습니다. 스마트스토어는 20~30대의 젊은 층에서 성공 사례가 많습니다. 물론 스마트스토어 열풍이 불기 전에 사업을 시작한 1세대 셀러 중에는 40~50대가 많지만, 최근에 진입해서 빠르게 성장한 사람 대부분이 20~30대입니다. 지금 당장 유튜브에 스마트스토어를 검색해 봐도 20~30대의 비율이 높습니다. 심지어 '에이블리', '지그재그' 등 몇몇 온라인 쇼핑몰은 고등학생이 운영한다고 알려지면서 주목받기도 했습니다. 왜 이렇게 젊은 층에서 스마트스토어를 비롯한 온라인 쇼핑몰 성공 사례가 많이 나올까요? 바로 PC 활용 능력이 이를 판가름하기 때문입니다. 온라인 셀러가 되기 위해서는 PC를 잘 다루는 것뿐만 아니라, 배워야 할 것이 많습니다. 그런데 그 모든 것을 빠르게 학습하려면, 아무래도 젊은 층이 유리할 것입니다. 특히 쇼핑 쪽은 트렌드도 빠르게 읽어내야 하므로, 중년보다는 청년이 성공시킬 확률이 높습니다.

당신이 N잡에 도전하려고 한다면, 그 분야에서 어떤 특징을 가진 사람들이 성과를 내고 있는지 확인해보세요. 그리고 나와 비슷한 사람들이 해당 분야에서 성과를 잘 내고 있다면 도전해도 좋습니다. 이렇게 해당 분야에서 성공한 사람들의 패턴을 분석하는 것만으로도 성공 확률을 높일 수 있습니다.

옆집 CEO의 한마디

N잡으로 성공하고 싶다면, 먼저 성공한 사람들의 패턴부터 파악해보세요!

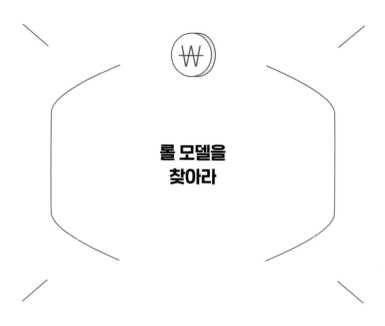

롤 모델을
찾아라

아기가 발을 떼 처음으로 걷기까지는 약 2,000번 넘어지는 과정을 거친다고 합니다. 그와 마찬가지로 우리도 한 분야에서 성공하기 위해 첫발을 내디딜 때는 필연적으로 많은 시행착오를 겪을 수밖에 없습니다. 그런데 이런 시행착오를 압도적으로 줄일 방법이 있습니다. 이 방법만 실행에 옮긴다면 최소 두 배 이상의 시간을 단축할 수 있습니다. 그 방법은 바로 롤 모델을 만나는 일입니다.

본격적인 설명에 들어가기에 앞서 원시인인 우리 선조들이 무엇을 통해 학습했는지 살펴보도록 하겠습니다. 요즘이야 책도 넘쳐나고, 휴대폰만 있으면 언제든지 그 자리에서 유튜브를 검색해 정보를 얻을 수 있습니다. 하지만 이런 수단을 꿈도 못 꾸던 시절에는 대개 두 가지의 방법으로 지식을 습득했습니다.

첫째는 직접 몸으로 부딪쳐 보는 것입니다. 가령, 멧돼지 잡는 기술을 배우고 싶다면, 직접 돌도끼를 들고 사냥을 나가 맨땅에 헤딩하듯이 멧돼지를 잡기 위해 노력하는 것이죠. 이 방법의 단점은 헛수고를 할 수 있다는 것과 엄청난 위험에 빠질 수 있다는 것입니다. 물론 타고난 사냥꾼이라면 동물적인 감각으로, 숨어 있는 멧돼지를 찾아내 덫을 놓고, 전략적으로 잡겠죠. 하지만 그런 재능이 없다면, 몇 달을 고생해도 멧돼지는커녕 토끼 한 마리 잡지 못할 수도 있습니다. 게다가 운이 나쁘면, 맹수가 다니는 길목에 들어섰다가 목숨을 잃을 수도 있습니다.

두 번째는 모방입니다. 어른들이 어떤 식으로 돌도끼를 만드는지 옆에서 보고 배우고, 부족에서 사냥을 나갈 때 따라가서 자연스럽게 사냥 기술을 터득합니다. 즉, 모든 시행착오를 겪은 사람들의 행동을 따라 함으로써 사냥 노하우를 몸에 익힙니다. 덕분에 나 홀로 사냥 방법을 알아가는 것보다 최소 몇십 배는 효율적일 것이고, 생존에도 유리했을 것입니다.

우리 인간은 모방의 천재입니다. 남이 하는 것을 보고 그대로 따라 하면서 배우도록 DNA에 새겨져 있습니다. 이로써 당신이 어떤 분야를 시작할 때 가장 쉽게 배우는 방법은 배울 사람, 즉 롤 모델을 찾는 것입니다. 책을 읽든, 온라인 강의를 듣든, 1:1로 만나든 그들이 한 방법을 그대로 따라 하면, 혼자 맨땅에 헤딩할 때보다 훨씬 수월하게 배울 수 있습니다.

제게는 롤 모델의 중요성을 깨달은 한 가지 사건이 있었습니다. 제가 운영하는 스마트스토어가 성장해감에 따라, 다른 셀러가 팔지 않는 나만의 제품을 판매하고 싶었습니다. 그래서 평소에 예쁘게 차린 브런치를 먹는 것을 좋아하는 저는 중국에서 예쁜 식기 제품을 들여와 판매해야겠다고 마음먹었습니다. 그런데 자세히 알아보니 식기류는 내가 팔고 싶다고 해서 팔 수 있는 게 아니라, 식약처의 인증을 거쳐야 했습니다. 그 사실을 알고, 처음엔 포기하고 다른 아이템에 도전할까 생각도 했지만, 이러한 진입 장벽으로 다른 셀러들이 쉽게 도전하지 않을 것이라는 판단에 시도해보기로 했죠. 하지만 문제는 여기서 끝나지 않았습니다. 온라인을 아무리 뒤져봐도 식기류를 들여와 검역받는 방법을 정확히 알기 어려웠습니다. 사람마다 답변하는 내용도 다르고, 이미 시간이 많이 흘러 최신 법률을 따라가지 못하는 정보도 많았습니다. 며칠 동안 온갖 커뮤니티를 돌아다녔지만 제가 원하는 정보를 속 시원하게 얻을 수 없었습니다.

그렇게 답답함을 느끼던 중 시야를 돌려보기로 했습니다. '전 세계 사람도 여섯 다리만 건너면 연결된다는데, 수소문하면 지인 중에 식기류 수입을 해본 사람이 있지 않을까?'라고요. 그런데 이게 웬걸. 문제는 의외로 쉽게 풀렸습니다. 친오빠 친구 중에 식기류 수입을 하는 분이 있었던 것입니다. 그리하여 저는 직접 그분을 만나 식기류 수입 방법에 대해 들었습니다. 놀랍게도 1시간 남짓 되는 미팅에서 제가 1~2주 동안 찾아 헤맨 정보가 모두 나왔습니다. 그에 더해 제가 미처 생각하지 못한 디테일한 팁과 실무 지식까지 얻을 수 있었습니다. 혼자 했다면, 온갖 시행착오를 겪으며 족히 3개월은 걸렸을 일을 단 2시간 미팅을 통해 말끔히 해결할 수 있었습니다.

개인적으로는 이렇게 오프라인에서 직접 만나 1:1 피드백을 나눌 수 있는 롤 모델을 찾는다면, 온라인으로만 배웠을 때보다 성장 속도가 최소 10배는 빨라진다고 믿습니다. 그 이유는 크게 두 가지입니다.

첫째, 제 사례에서도 알 수 있듯이 디테일한 피드백을 받을 수 있는 덕분입니다. 온라인 강의나 유튜브, 책에서는 매체의 한계로 특정 개인에게 맞춤화된 정보를 주기 어렵습니다. 결국, 대중적인 주제를 다룰 수밖에 없습니다. 강의 수준도 결국 초보나 중급자 수준에 맞출 수밖에 없으므로, 내 상황에 맞는 세세한 정보를 얻기 힘듭니다. 그러니 롤 모델을 직접 만나 물어보는 것이 가장 좋습니다.

둘째, 롤 모델을 만나면 확신이 생기고, 이 확신은 실행력을 끌어냅니다. 이 책을 집어 들었다면, 이미 부업과 투잡에 대한 영상을 최소 10개 이상은 봤으리라 생각합니다. 그런데도 그 부업을 시작하지 않은 이유는 무엇인가요? 아마 진짜 될 것이라는 확신이 없어서일 것입니다. 예를 들어 회사에서 3개월 동안 블로그 1일 1 포스팅을 수행해내면 5,000만 원의 보너스를 준다고 했다고 해봅시다. 그렇다면 대부분 어떻게 해서든 1일 1 포스팅에 성공할 것입니다. 몸이 아파도, 중요한 약속이 있어도, 수단과 방법을 가리지 않고 1일 1 포스팅해낼 방법을 생각해 내겠죠. 왜냐하면 목표만 달성하면 5,000만 원의 보너스가 100% 보장되니까요.

이렇게 성과에 대한 확신이 있다면, 당신은 그 일을 해낼 가능성이 압도적으로 높아집니다. 제가 가능한 오프라인에서 롤 모델을 만나라는 것도 이런 맥락에서입니다. 온라인을 통해 누군가의 성공담을 한 단계 거쳐서 듣는 것과 내 주위 사람에게 성공담을 듣는 것은 완전히 다른 차원입니다. 한창 스마트스토어 열풍이 불 때, 제 주위에서 스마트스토어에 도전한 사람은 단 한 명밖에 없었습니다. 그런데 제가 스마트스토어로 월급 이상의 이익을 얻고 나서부터는 상황이 달라졌습니다. 스마트스토어를 해봐야겠다고 진지하게 말하는 지인이 하나둘 늘어난 것입니다. 또 그들 중 누구도 스마트스토어로 돈을 벌 수 있다는 이야기를 의심하지 않습니다. 더욱이 제가 시작했을 때보다 경쟁이 더 치열해졌음에도 불구하고, 스마트스토어에 도전하는 지인은 갈수록 많아지고 있습니다. 이는 평소에 같이 밥 먹고, 카페 가고, 나와 별 다를 바 없어 보이는 지인이 해낸 것이라면, 나도 할 수 있겠다는 확신이 만들어낸 결과입니다. 이렇게 확신은 높은 실행력을 만들어내고 이것은 곧 성과로 돌아옵니다.

이쯤 되면 이런 생각이 들 수도 있겠습니다. '아니 오프라인으로 만나는 게 좋다는 걸 누가 몰라? 만날 방법이 없으니까 그렇지. 나같이 인맥 없는 사람은 어떻게 하라는 거야?'라고요. 이런 분들을 위해 오프라인에서 롤 모델을 만나는 방법을 말씀드리겠습니다.

첫째, 비용을 지불하고 컨설팅을 받습니다. 가장 심플하면서 확실한 방법이죠. 다만 초보일 때는 50만 원 이상의 고액 컨설팅은 피하는 것을 추천합니다. 왜냐하면 초보 수준에서 생기는 질문은 온라인 검색이나, 저렴한 강의만으로도 해결할 수 있을 정도로 난이도가 낮으니까요. 내가 뭘 모르는지조차 모르는 초보일 때부터 고액의 컨설팅을 듣기보다는, 어느 정도 기초 지식을 습득하고 실행까지 해본 뒤에 더 디테일한 도움이 필요하면, 그때 비용을 지불하고 컨설팅을 받는 것이 좋습니다.

막간을 이용해 저렴한 금액으로 컨설팅을 받을 수 있는 팁을 드리자면, 실력은 있지만 아직 유명하지 않은 사람에게 컨설팅 해달라고 제안하는 것입니다. 블로그나 네이버 카페, 유튜브 등을 둘러보면, 누가 봐도 본인 브랜딩을 하고 싶어 한다는 생각이 들게 하는 사람이 있습니다. 그 사람들에게 1:1 컨설팅을 의뢰하는 것이죠. 그리고 그 대가로 코칭 받는 모든 과정을 내 블로그에 포스팅하겠다고 약속합니다. 만일 네이버 블로그를 배우고 싶다면, 네이버에 '블로그 방문자 수 늘리는 방법'을 검색한 뒤에 여러 블로그에 들어가 봅니다. 그리고 그중에서 나와 결이 잘 맞을 것 같은 사람에게 비용을 지불할 테니 컨설팅해달라고 댓글이나 메일로 연락합니다. 컨설팅으로 이미 돈을 잘 벌고 있는 사람보다 이제 막 지식창업을 시작하려는 사람이어야 낮은 가격에 컨설팅해줄 확률이 높습니다. 추가로 컨설팅 후기를 본인 블로그에 정성들여 1~3편 포스팅하겠다고 하면, 금액을 더 낮출 수도 있습니다. 왜냐하면 이제 막 지식창업을 시작하는 사람은 고객 후기를 모으는 것이 중요하니까요.

둘째, 롤 모델의 팬을 자처하여 만날 기회를 만듭니다. 이는 실제로 제 지인이 활용했던 방법이기도 한데, 내가 닮고 싶은 롤 모델의 콘텐츠를 SNS에 올려, 자신이 팬임을 어필하는 것입니다. 혹 화장품 회사를 창업하고 싶다면, 화장품 사업을 시작한 지 2~3년 정도 된 대표의 SNS를 팔로우합니다. 또는 페이스북이나 링크드인을 활용하는 것도 방법입니다. 보통 회사 대표들은 네트워킹을 위해 페이스북을 사용하는 경우가 많아, 페이스북에 특정 브랜드 이름을 검색하면 해당 브랜드 대표의 계정을 쉽게 찾을 수 있습니다. 만일 페이스북에 나오지 않는다면, 링크드인에 회사명을 검색해 찾는 방법도 있습니다.

이런 식으로 롤 모델을 조사한 뒤 할 일은 내가 그 회사의 팬임을 알리는 것입니다. 그 대표가 판매하는 제품을 직접 사용해보고 블로그에 포스팅해도 좋고, 그 대표의 사업 전략에 대해 분석을 하거나 칭찬해도 좋습니다. 이렇게 호감을 줄 수 있는 콘텐츠 몇 개를 쌓은 다음, 최종적으로 대표에게 연락을 합니다.

"안녕하세요? 저는 이 화장품을 세 통째 쓰고 있는 고객입니다. 화장품이 너무 마음에 들어서 브랜드 스토리까지 읽어봤는데, 전달하고자 하는 가치관도 정말 멋진 것 같아요. 사실 저도 사업을 해보고 싶은데, 식사를 대접할 수 있는 기회를 주실 수 있을까요? 저도 대표님처럼 저만의 스토리가 있는 브랜드를 만들고 싶습니다."

라고 제안을 해보는 거죠. 직접 해보면 알겠지만, 이렇게 연락했을 때 흔쾌히 만남을 수락해주는 대표가 많습니다. 대표 입장에서 대기업만큼 유명하지 않은 본인의 브랜드에 팬심을 보여준다면, 감동하게 되지요. 특히 "당신은 내 롤 모델입니다."라는 말은 상대를 향한 최고의 찬사이니 호의적일 수밖에 없죠. 거절을 하더라도, 내 브랜드의 고객이기도 한 나에게 매몰차게 거절하기도 쉽지 않습니다. 입장을 바꿔서 생각해봐도 당신이 어디선가 조용히 사업을 하고 있는데, 누군가가 "제 롤 모델입니다." 하고 연락한다면, 내심 뿌듯하고 자랑스럽지 않을까요? 그러니 용기를 갖고, 아직 알려지지 않았지만 당신이 도전하려는 부업에서 성과를 내는 사람에게 연락하는 것을 추천해 드립니다. 분명 "나를 이렇게 좋게 봐주는 사람이 있다니!" 하면서 좋아할 겁니다.

셋째, 평소에 미리 퍼스널 브랜딩을 해둡니다. 앞서도 이야기했듯, 저는 유튜브를 운영하고 있습니다. 그래서 저를 직접 만나고 싶다고 댓글을 달거나, 메일을 보내는 구독자가 종종 있습니다. 하지만 죄송하게도 대부분 거절합니다. 이유는 이미 본업으로 바쁜 상태에서 그렇게 연락해오는 모든 구독자를 대면하는 것은 물리적으로 불가능하기도 하고, 또 저는 그 사람에 대해 아는 것이 아무것도 없는 상태에서 그분을 만났을 때 제가 얻어갈 수 있는 게 없기 때문입니다. 더욱이 낯가림이 많은 저로서는 새로운 사람을 만나는 게 부담으로 작용하기도 합니다.

그런데 그렇게 메일을 보내온 수많은 구독자 중에 오프라인 만남까지 이어진 분도 있습니다. 그들의 공통점은 블로그, 유튜브 등 본인의 미디어를 갖고 있다는 것이었습니다. 그분이 운영하는 블로그에는 그의 관심 분야인 경영, 마케팅, 창업에 대한 글이 무수하게 공유되어 있었고, 큰 성과는 없었지만, 본인이 진지하게 이어가고 있는 업에 대한 증거가 가득했습니다. 이에 저는 '이렇게 열심히 사는 분이라면 내가 배울 점도 있겠다.'라는 마음이 절로 들어서 실제 오프라인에서 만나 식사 후, 지금까지 연락을 주고받고 있습니다. 포스팅이 거창하지 않아도 좋습니다. 그저 꾸준히 특정 분야와 관련된 내용을 본인 블로그에 올려두면, 해당 분야 대표나 종사자를 만날 때, 이것이 포트폴리오와 명함이 되어 상대에게 신뢰를 줄 수 있습니다.

마지막으로 할 수 있는 방법은 무작정 연락하는 것입니다. 누군가의 연락처를 알아내는 것은 생각보다 아주 간단합니다. 책의 작가 소개란이나 유튜브 정보란에는 보통 메일 주소가 나와 있는데, 해당 연락처로 연락하는 것이죠. 의외로 '일단 들이대' 형식의 영업이 잘 먹힐 때가 있습니다. 설령 거절당한다고 하더라도 내가 손해 볼 것은 없으니 안 할 이유가 없습니다. 단, 연락할 때 구걸하는 듯한 자세는 취하지 않았으면 합니다. 한쪽은 얻어갈 수 있는 게 분명한데, 다른 한쪽은 얻어갈 게 없는 불균형 상태에서 많은 사람이 동정심 자극하기 전략으로 다가갑니다. "내 사정이 이렇게 어려우니 한 번만 도와주세요." 하며 부탁하는 것이죠. 하지만 이런 전략은 대부분 효과가 없습니다. 그 이유는 당신의 메일을 받는 멘토는 이미 그보다 힘든 상황에 있는 사람의 메일을 수십, 수백 통 받고 있으며, 절박한 상황에 있는 사람에게 도움을 주는 일은 매우 부담스러운 일이기 때문입니다. 저도 "너무 힘들어서 죽을 생각도 하고 있다."는 메일을 받은 적이 있는데, 부담스러워서 답장조차 하지 못했습니다.

설득이란 감정에 호소하고 동정심을 자극하는 것이 아니라 상대에게 거절할 수 없는 제안을 하는 것이어야 합니다. 그게 돈이 아니어도 좋습니다. 정서적 만족감이어도 좋습니다. 본인이 상대에게 무엇인가를 줄 수 있어야 합니다. 한마디로 상호 간에

주고받을 수 있는 것이 있어야 합니다.

개인적으로 제가 추천하는 방법은 롤 모델이 '이렇게 열정 넘치는 사람이라면, 한 번 만나서 도와주고 싶은걸.'이라는 생각이 들게 하는 것입니다. 이것을 가능하게 하려면 어떤 분야이든 평소에 내가 열정적으로 도전해온 히스토리가 있어야겠죠.

💬 옆집 CEO의 한마디

성공의 지름길로 가고 싶다면, 본인이 선택한 분야의 롤 모델을 만드세요!

내가 벌고 싶은
목표 금액을 세워라

"부업으로 얼마나 벌고 싶으세요?"

제가 지인 또는 수강생에게 종종 하는 질문입니다. 그러면 대부분 "일단 10만 원이라도 벌어보고 매출이 잘 나오면, 목표를 높이려고요."라고 대답합니다. 합리적인 생각이고, 저 역시 이러한 마인드로 N잡 세계에 뛰어들었습니다. 그런데 여기서 한 발더 들어가, 나 자신에게 다음과 같이 질문해봐야 합니다. 그래야의사결정 실수를 줄일 수 있습니다.

"나는 어떤 삶을 살고 싶은가?"

"내가 생각하는 경제적 자유는 어느 수준인가?"

왜냐하면 직장 외 부수입을 벌 목적으로 N잡에 접근하는 사람과 N잡을 통해 인생을 바꿀 터닝 포인트를 만들고 싶은 사람이 선택하는 N잡은 달라야 하기 때문입니다. 예를 들어 가장 대표적인 부업인 스마트스토어는 앞으로도 유망한 부업이지만, 퇴근 후 깨작거리면서 하는 부업 정도로 생각하고 시작한다면, 추천하고 싶지 않습니다. 아닌 게 아니라, 스마트스토어는 다른 부업에 비해 배워야 하는 스킬이 많은 종합예술이고, '사업' 형태를 띠고 있어서 단순한 투잡 개념으로 접근하기에는 난이도가 높기 때문입니다. 스마트스토어는 엄연히 다른 '사업가'들과 싸워야 하는 영역입니다. 보통의 결심과 인풋으로는 성과를 내기 어려운 영역이라는 말이죠. 반대로 온전히 몰입할 자신이 있는 분에게는 강력히 추천합니다. 초반에는 아르바이트보다 못한 수익이 나겠지만, 노하우를 익힌다면 J커브를 그리는 매출을 맛볼수 있고, 경제적 자유라고 부를만한 이익을 얻을 수 있거든요.

사람마다 부업으로 벌고 싶은 돈의 크기가 다를 수 있습니다. 어떤 사람은 직장을 그만두고 싶은 생각은 없고, 생활비를 보태는 정도로 시작하고 싶을 수 있는데, 이때는 사업의 영역에 속하는 부업보다 부업 영역에 속하는 N잡에 도전하는 것이 효율적입니다. 그런데 그게 아니라 사업가가 되고 싶거나, 경제적 자유라고 부를 만한 이익을 얻고 싶다면, 사업가 영역에 속하는 부업을 고르는 것이 좋습니다.

내가 도전하려는 분야가 부업 영역에 속하는지, 사업 영역에 속하는지 아는 방법은 간단합니다. 해당 분야에서 전국 Top 100 안에 드는 사람들의 예상 수익을 가늠해보는 것입니다. 전국 100위에 들어도 월 1,000~2,000만 원 수익에 그친다면, 부업 영역일 확률이 높고, 월에 억대 이상 수익을 버는 사람이 많다면, 사업 영역에 속하는 것입니다.

💬 옆집 CEO의 한마디

본인이 목표로 하는 부수입 크기에 따라 선택 가능한 부업이 달라집니다!

원하는 커리어를
분명히 해라

본인이 앞으로 어떤 방향으로 나아갈 것인지에 따라서도 선택할 수 있는 부업이 달라집니다. 예를 들어 직장인 투잡러가 되고 싶을 때, 사업가가 되고 싶을 때, 크리에이터가 되고 싶을 때 등 상황마다 다른 부업을 선택해야 합니다.

또 월급만으로는 부족해서, 회사 생활이 적성에 맞지 않아서, 주체적인 일을 해보고 싶어서 등 투잡에 도전하는 이유에 따라서도 선택지가 달라집니다. 만일 지금까지 생각해보지 않았다면, 이번 기회를 통해 투잡을 하려는 이유를 진지하게 고민해보면 좋겠습니다.

지금부터는 N잡러를 꿈꾸는 사람들이 추구하는 4가지 커리어 유형과 각 유형의 특징, 그리고 그에 따른 1차 목표에 대해 알아보도록 하겠습니다. 각 예시 가운데 나와 가장 가까운 유형이 무엇인지 확인해보세요. 참고로 내가 원하는 유형이 딱 한 가지일 필요는 없습니다. 제 경우는 사업가와 크리에이터를 합친 형태가 가장 잘 맞았는데, 누구나 복합적인 유형일 수 있습니다.

첫째, 프리랜서 유형입니다. 이들은 회사에서 쌓은 직무 능력을 살려 수익을 내고 싶어 합니다. 또 종사하는 분야에서 전문가가 되고 싶어 하며, 언제든지 회사로 돌아갈 수 있는 커리어와 관련한 일을 원하는 등의 특징을 갖고 있습니다.

사실 N잡 열풍이 불면서 많은 사람이 온라인상에서 유명한 부업에만 집중하는데, 제 생각에는 다들 시도하는 부업에 도전하는 것보다, 직무 전문성을 살려 프리랜서로 활동하는 것이 N잡러로 자리를 잡는 데 더 효율적인 듯합니다. 그러므로 유행하는 대중적인 부업을 시작하기보다, 내가 담당하는 업무를 회사 외 영역에서 서비스 상품을 단 한 개라도 직접 팔아보는 연습을 하는 것이 좋습니다.

예를 들어 본인이 개발자라면, 외주 계약을 하나라도 성사시켜본다든지, 디자이너라면 외주 디자인 작업을 한 개라도 진행해보는 것이죠. 이것이 프리랜서 유형의 1차 목표라고 할 수 있습니다. 이는 내 직무와 관련 없는 부업을 0에서부터 배우는 것보다 성과를 더 빨리 내게 합니다. 만약 본인이 어떤 서비스를 팔아야 할지 모른다면, '크몽'이나 '탈잉' 등 재능 공유 플랫폼에 내 직무와 관련된 키워드를 검색해 다른 사람들이 어떤 상품을 만들어 판매하고 있는지 확인할 수 있습니다.

둘째, 크리에이터·인플루언서 유형입니다. 이들은 평소 콘텐츠 소비를 많이 하거나, 창의적인 일을 좋아합니다. 대표적으로 유튜버, 인플루언서, 작가, 강사 등을 예시로 들 수 있습니다.

프리랜서와 크리에이터의 차이점을 꼽자면, 프리랜서는 협업이나 조직 내에서의 관계, 커뮤니케이션을 크게 어려워하지 않는 사람에게 적합합니다. 왜냐하면 프리랜서라고 해서 100% 독립적으로 일하는 것이 아니라, 다른 기업과 협업할 때가 많으므로, 제 개인적으로는 직장 생활이 어느 정도 적성에 맞았던 사람이 프리랜서를 잘한다고 생각합니다. 반면, 크리에이터는 조직에 얽매이는 것을 싫어하고, 창의적인 활동을 좋아합니다. 물론 절대적인 기준은 아닙니다.

이러한 크리에이터와 인플루언서의 성공 원리는 팬을 기반으로 하므로, 크리에이터로 수익화를 생각한다면, 진정한 팬 100명을 만드는 것을 1차 목표로 해야 합니다. 이 부분은 크리에이터로서 성공하고 싶은 모든 분에게 강조하고 싶은 내용이기도 합니다. 그러니 초반에는 수익화보다는 팬을 만드는 데에 집중하길 바랍니다.

셋째, 사업가 유형이 있습니다. 사업가 유형은 안정보다는 도전을 추구하거나, 진취적이고, 성장을 원하는 사람에게 적합합니다. 당장에 몇 푼 더 버는 것보다 경제적 자유를 이룰 정도의 수익을 목표로 하는 분에게 적합하겠죠.

그리고 진정한 사업가가 되려면, 퇴근 후 하루 4시간 이상 공부하는 시간이 필요하다고 생각합니다. 큰돈을 벌려면 시간적인 투자가 뒷받침돼야 하니까요. 실력이 쌓이면 시간적 자유도 따라오겠지만, 평균적인 성과를 내기까지 시간 투자는 필수입니다.

사업가 유형의 N잡러라면 물건이나 서비스 판매로 1,000원이라도 벌어 보는 것을 첫 목표로 잡아야 합니다. 단, 그 방법이 시간과 돈을 맞바꾸는 시급 형태가 아닌, 시스템을 활용한 수익이어야 합니다. 처음에 1개 팔던 것을 10개, 100개, 1,000개로 늘려가는 것이 사업가형 N잡러에게 적합한 성장 방식입니다.

마지막으로 직장인 투잡러 유형입니다. 이 유형 가운데 커리어 개발에 큰 관심이 없고, 한 달에 몇십만 원 정도 부업 소득을 얻고 싶은 거라면, 온라인의 부업보다는 돈과 시간을 맞바꾸는 배민커넥트, 재택 아르바이트 등을 추천합니다.

왜냐하면 온라인상에 알려진 대부분의 부업은 일을 시작한 달부터 바로 수익이 나지 않기 때문입니다. 또 결과가 날 때까지 시간이 필요한 것은 기본이고, 해당 부업을 배우기 위해 강의를 수강하거나, 물건을 구매하는 등 자본 투자가 이뤄지기도 합니다. 이러한 이유로 소소한 부수입을 목표로 하는 사람들은 수익이 날 때까지 들어가는 시간 투자를 버텨내지 못하는 경우가 90% 이상입니다. 강의료만 지출하고 아무런 성과를 못 내기도 하고요. 현실적으로 생각해봐도 본인이 선택한 부업을 성공시키기 위해 최선의 노력을 기울이는 사람들 사이에서, 퇴근 후 1~2시간으로 원하는 수익을 낸다는 것은 어렵습니다. 그러므로 수입이 확실히 보장된 아르바이트식의 부업이 적당합니다.

더욱이 최근에는 초단기로 노동을 제공하고, 대가를 받는 긱

워커가 늘어남에 따라, 다양한 플랫폼이 탄생했습니다. 심부름 앱 '해주세요'를 예로 들면, 약국에서 약 사다 주기, 방 청소해주기, 벌레 잡아주기, 짐 옮기기, 대신 줄 서주기 등으로 부수입을 얻을 수 있습니다.

사람마다 N잡으로 벌고 싶은 돈의 크기가 다를 수 있습니다. 어떤 사람은 투잡으로 월 몇십만 원이라도 소소하게 벌었으면 좋겠다고 생각할 것이고, 또 어떤 사람은 월급 이상의 수익을 내어 퇴사하고 싶을 수도 있습니다. 앞서 설명한 네 가지 유형 중, 나는 어떤 유형에 속하는지 생각해보고, 본인에게 적합한 부업을 선택하기 바랍니다.

💬 옆집 CEO의 한마디

본인이 원하는 커리어의 유형을 알고, 부업을 선택해야, 시행착오가 줄어듭니다!

고객 먼저 모으면
망할 일이 없다

만약 누군가가 저에게 "직장인 시절로 돌아가면 뭐부터 하실 건가요?"라고 물어본다면, 저는 주저하지 않고 "팬 모으기"라고 할 것입니다. 하지만 이런 저의 대답에 의아함을 느낄 수도 있다고 생각합니다. 그도 그럴 것이 저는 인플루언서도 아니고, 뛰어난 외모나 재능을 가진 것도 아니니, 무슨 수로 팬을 모을 것인가 하는 것이죠.

그런데 여기서 말하는 팬은 아이돌 팬과 같은 의미의 팬이 아닙니다. 조금 더 쉽게 설명해보겠습니다. 제가 스마트스토어로 헤어 액세서리를 판매한다고 가정하면, 저는 제 스토어에 헤어핀 제품 업데이트를 하기에 앞서, 인스타그램에 헤어 관련 계정부터 만들 것입니다. 그리고 거기에는 저의 타깃 고객이 좋아할 만한 정보를 공유할 것입니다. 가령, 곱슬머리를 위한 잔머리 정리 방법, 머리숱 많은 사람을 위한 집게핀 고르는 팁, 연예인 헤어핀 스타일링 따라 하기 등 잠재 고객이 좋아할 만한 주제의 콘텐츠를 만드는 것이죠. 이때 중요한 점은 처음부터 뭔가 팔기 위한 콘텐츠를 만들면 안 된다는 것입니다. 대신 팬에게 정보나 재미를 줄 수 있는 콘텐츠를 만들어야 합니다. 요즘 고객들은 팔려고 하면 팔려고 할수록 도망가려는 성향이 강하기 때문입니다.

이렇게 잠재 고객이 좋아할 재료를 모았다면, 본격적으로 팬을 모아야 하는데, 인스타그램에서 팬을 모으는 방법은 아주 간단합니다. 해시태그로 '#단발병', '#거지존', '#머리자를까' 등의 키워드를 검색한 뒤, 관련 계정에 들어가 진정성 있는 댓글을 달고, 좋아요를 누르며 소통하면 됩니다. 계정 당 좋아요 5개, 댓글 1개 정도를 남기면 적당합니다. 저는 인스타그램 팔로워를 1,000명까지 만드는 데 2주밖에 걸리지 않았는데, 방금 말씀드린 선 댓글, 선 좋아요 방식으로, 하루 150~200개 계정을 방문하며, 팔로우하고 댓글을 남기는 활동을 했습니다.

평균적으로 내가 진정성 있는 댓글을 달았다는 가정하에, 하루 100개 정도 댓글을 남기고, 먼저 팔로잉한다면, 그중 50명은 함께 팔로잉해줍니다. 이런 식으로 하면 팔로워 수보다 팔로잉하는 사람 수가 많아지지 않느냐고 걱정하는 분도 있을 텐데, 종종 나를 팔로우 하지 않는 사람들을 팔로우 취소하면서 관리하고, 동시에 좋은 콘텐츠를 계속 올리면, 팔로워가 팔로우하는 사람 수보다 많아집니다. 실제 저도 팔로워 수 1,000명을 달성했을 때, 팔로우 수는 400명이 채 되지 않았습니다.

　혹 '나는 시간이 없어서 못 해.'라고 생각하나요? 그렇다면 자투리 시간만 잘 활용해도, 인스타그램 관리할 시간은 충분히 만들 수 있습니다. 저는 주로 댓글 달기를 아침 기상 후 침대에서 뒹굴뒹굴하는 시간이나, 대중교통을 이용하는 시간을 활용했는데, 직장인이라면 출·퇴근 시간만 투자해도 하루 100개 정도의 댓글은 쉽게 채울 수 있습니다. 여기서도 주의할 점이 있습니다. "피드가 예쁘네요. 제 계정에도 놀러 오세요."처럼 성의 없는 댓글은 안 다느니만 못하다는 것입니다. 이런 식의 마케팅은 오히려 브랜드 이미지를 깎는 지름길일뿐더러 인스타그램 알고리즘상으로도 좋지 않습니다. 초기일수록 한 개의 댓글을 남기더라도, 성의 있게 작성할 것을 추천합니다.

이런 노가다 작업이 힘들다면, 광고료를 지불해 팔로워를 늘리는 방법도 있습니다. 하지만 이 책을 읽고 있는 대부분이 초보 N잡러로 콘텐츠를 만들고, 다른 사람들과 소통해본 경험이 거의 없을 것이기에, 조금 힘들더라도 직접 댓글을 쓰고, 팔로우하며 손품을 파는 쪽을 선택했으면 합니다. 초보일수록 투자하는 부분에 민감할 수밖에 없는데, 광고료를 지출했는데도 팔로워 수가 늘지 않으면, 멘탈적으로도 힘들어지기 때문입니다. 또 다른 이유는 초반일수록 찐 소통을 하면서 고객을 파악하는 것도 중요하므로, 팔로워 3,000명이 될 때까지는 직접 고객과 소통하며 진정성 있게 키우는 것이 여러모로 도움이 됩니다.

여기까지 인내심을 갖고 따라왔다면, 그 뒤부터는 술술 풀립니다. 본격적으로 타깃 고객이 좋아할 만한 제품이나, 서비스를 솔직 담백하게 소개해도 되는 단계가 됐다는 뜻입니다. 이처럼 당신이 프로그램 또는 누군가의 도움을 받지 않고, 직접 찐팬을 모았다면, 상품과 서비스를 런칭했을 때, 팔로워들이 관심을 가질 것입니다. 물론 만인을 만족시킬 수 없듯, 갑자기 판매를 시작하면 싫어하거나, 팔로워를 끊는 사람도 생길 것입니다. 그러나 당신이 진정성 있게 소통을 했다면, 축하해주는 사람이 확실히 더 많습니다. 또 고객의 문제를 해결해주는 상품이라면, 오히려 제품 판매를 고마워하기도 합니다. 예를 들어 머리숱이 많아서 웬만한 집게핀으로는 머리를 고정하기 어려워했던 고객을 위해 강력한 고정력을 가진 집게핀을 출시하면, 머리숱이 많은 사람에게 큰 호응을 얻겠죠.

이와 같은 방식으로 퇴사 전에 팬을 모으는 연습을 하면 좋은 점이 많습니다. 실패해도 남는 게 있다는 것입니다. 설명을 덧붙이자면, 굳이 헤어핀 판매를 하지 않더라도, 인스타그램 계정 자체로 돈을 벌 수 있습니다. 그 계정에 광고를 받아서 운영할 수도 있고, 꾸준히 페이지 규모를 키워서 그 페이지를 다른 사람에게 팔 수도 있습니다. 뿐만 아니라 콘텐츠를 만들면서 자연스럽게 기획을 하고, 카피를 작성하면서 마케팅 실력도 자연스럽게 높아집니다.

마지막으로 제가 팬 만들기를 퇴사 전에 할 것을 권하는 이유가 있습니다. 다름 아니라, 퇴사 후에는 고정적으로 들어오는 수입이 없어, 장기적으로 무언가를 시도하기가 쉽지 않기 때문입니다. 당장 1~2만 원이 급한데, 먼 미래를 바라보고 콘텐츠를 만드는 일이 쉽지 않습니다. 그러니 어느 정도 안정적인 생계가 보장될 때, 팬을 만들어보길 강력히 말씀드립니다. 사람만 모으면, 어떤 비즈니스든 가능하니까요.

💬 옆집 CEO의 한마디

**탄탄한 N잡 운영을 원한다면
팬부터 만드세요!**

4장

나에게 맞는 N잡 찾기 1
_ 스마트스토어

나는 1년 만에 스마트스토어를 성공시켰다

부업에 관심 있다면 스마트스토어, 블로그, 유튜브, 지식창업. 이 네 가지 키워드는 한 번씩 들어봤을 것입니다. 하지만 이 가운데 어떤 부업이 나에게 맞을지 판단하기란 쉽지 않습니다. 이에 제 사례를 바탕으로 4대 부업 중 나에게 맞는 부업이 무엇인지 찾을 수 있도록 가이드를 드리겠습니다. 그 첫 번째가 스마트스토어입니다.

2021년 네이버 공식 발표에 의하면, 2021년 4월 기준으로 네이버 스마트스토어 수는 45만 개이며, 매달 3만 3천 개씩 증가

중이라고 합니다. 저 또한 유튜버 신사임당이 유튜브로 스마트스토어 열풍을 일으키고 난 뒤, 45만 셀러 대열에 합류했고, 지금까지 저의 핵심 파이프라인 중 하나로 삼고 있습니다.

솔직히 고백하자면, 저는 스마트스토어에 재능이 있는 편은 아니었습니다. 스마트스토어로 월급 이상의 수익을 벌기까지 약 1년 이상의 시간이 걸렸죠. 사실 지금도 스마트스토어로 엄청난 돈을 벌고 있진 않지만, 하루에 1시간~2시간 정도 투자해 월 300~600만 원의 수익이 나니, 투잡이나 부수입원으로는 꽤 쏠쏠한 편이라고 생각합니다.

제가 생각하는 스마트스토어의 장점은 도전하면 할수록 실력이 쌓이는 분야이고, 한 번 감을 잡으면, 그 다음부터는 비교적 어렵지 않게 사업을 이끌 수 있단 것입니다. 이러한 스마트스토어에 관심이 있는 분을 위해 제가 스마트스토어를 운영해온 과정을 소개해보겠습니다.

처음 적용한 방식은 우리나라에서 가장 유명한 도매 사이트인 '도매꾹'에 올라와 있는 상품을 그대로 복사해서, 제 스마트스토어에 등록해 판매하는 것이었습니다. 보통 도매처에서 제품의 상세페이지를 제공해주므로 제가 직접 사진을 찍거나, 포토샵 기술을 따로 배울 필요가 없었습니다. 그저 광고 카피 몇 줄만 추가하기만 했죠. 소위 '닥등(닥치고 등록하기)'으로 운영한 것이지요. 이렇게 상품 상세페이지를 재가공해 올린 지 1주일이 안 됐을 때였습니다. 저는 "대박! 진짜 팔리네."를 외쳤습니다. 운 좋게도 첫 주문이 들어온 것이었습니다. 물건 한 개 팔린 게 뭐 대단한 일일까 싶은 분도 있겠지만, 얼굴도 모르는 누군가가 내가 올려둔 제품을 구매했다는 게 너무나도 신기했습니다. 더욱이 '과연 누가 이걸 살까?' 싶었던 제품이었는데, 판매가 되니 '나도 떼돈을 벌 수 있겠는 걸.' 하면서 행복 회로가 절로 돌아갔습니다.

그러나 행복은 잠시뿐, 현실 세계는 만만치 않았습니다. 제 제품이 판매되기 시작하니, 다른 업체에서도 제 상세페이지를 따라 하기 시작했습니다. 참고로 첫 판매의 쾌거를 가져다준 제품은 기능성 발베개였는데, 나름대로 마케팅 요소를 넣겠다고 '쫀득쫀득 모찌 발베개'란 네이밍을 붙였죠. 촉감이 모찌처럼 쫀득쫀득하고, 본인이 원하는 모양대로 베개 모양을 변형할 수 있어서 사용감이 좋다는 점을 어필한 상세페이지로 수정·가공한 포인트가 통했는지, 제품이 일주일에 서너 개씩 판매됐습니다. 그런데 도매 사이트에서 그대로 복사한 상세페이지였기에 고객들은 금세 더 저렴한 가격으로 판매하는 다른 판매자를 찾아갔습니다. 급기야 어느 순간부터는 제 네이밍을 똑같이 따라 하는 것은 물론, 가격을 더 낮춰 판매하는 업체가 생겨나면서 매출이 금세 떨어졌습니다. 한마디로 다른 쇼핑몰과 차별점이 없으니, 굳이 제 가게에서 구매할 이유가 없었던 것이죠.

퇴근 후의 시간과 주말까지 모두 바쳐서 스마트스토어에 올인했건만, 결국 아르바이트보다 못한 수익이 돌아왔습니다. 포기하고 싶다는 생각이 들 때도 있었지만 '지금은 사업 연습을 하는 기간이야. 남들은 돈을 주고서 상세페이지 만드는 방법, 소싱하는 방법을 배우는데, 나는 돈을 벌면서 배우는 것이니 무조건 이득이지.'라고 스스로를 다독이며, 스마트스토어 운영을 이어갔습니다.

그러던 중 저의 스마트스토어가 우연한 계기로 전환 국면을 맞이합니다. 당시 우리 동네에는 다이소처럼 온갖 생활 잡화를 모아두고 판매하는 상점이 있었는데, 괜찮아 보이는 물건 하나를 발견한 것입니다. 그것을 보자마자 '이 제품이라면 사진만 예쁘게 찍어 올려도 반응이 좋겠는데?'라는 생각이 들었고, 온라인에 찾아봐도 동일한 상품을 판매하는 사람이 없었습니다. 게다가 가격 경쟁력도 있어 보여, 즉시 그 제품을 가져왔습니다. 그리고 인터넷에서 1~2만 원짜리 흰 천을 구매해 방 한쪽에 깔아두고, 휴대폰으로 제품 사진을 촬영했습니다. 서툰 실력이었지만, 실물과 가까워서 고객들이 신뢰할 것이라고 생각했습니다. 가격 책정이 고민됐지만, 경쟁사의 금액을 참고해 비슷한 금액을 매겼습니다. 마지막으로 마진을 챙기기보다는 고객에게 혜택을 주는 데 집중하자는 마음으로, 사은품과 손 편지를 동봉해 발송했습니다.

그렇게 저는 도매 사이트의 상세페이지를 복제하는 복붙(복사해 붙여넣기) 장인에서 벗어나, 직접 사진도 찍고, 상세페이지도 만드는 말 그대로 쇼핑몰 사장이 됐습니다. 그랬더니 아무 생각 없이 상품을 등록했을 때와는 전혀 다른 반응이 돌아오기 시작했습니다. 다름 아니라 고객들이 "이 가격에 이런 제품이라니 최고예요!", "정성스러운 손 편지까지 감사합니다."라며 5점 리뷰를 작성해주는가 하면, 리뷰가 좋으니 구매 전환율도 좋아진 것입니다. 그제야 시장의 정직함을 체감했습니다. 이 같은 변화는 네이버 알고리즘에도 영향을 주어, 큰 광고비를 들이지 않고도 상위 노출이 됐고, 2년이 지난 지금도 여전히 상위에 노출되고 있습니다.

제가 등록한 상품이 1페이지에 올라오고 난 뒤에는 모든 것이 수월하게 흘러갔습니다. 기존에 마진 없이 판매한 제품이었기에 가격을 높여 마진도 확보하고, 마진이 좋은 더 비싼 추가 상품을 옵션으로 추가하면서 수익을 늘렸습니다. 처음의 마진이 0원에 가까웠다면, 현재는 최종 마진이 30%가 될 만큼 마진율이 높아졌죠.

하나의 제품을 성공시키고 나니 다음 제품을 성공시키기는 훨씬 쉬웠습니다. A1이라는 제품을 구매한 고객이 구매할 만한 A2 제품을 내보낸 다음, 묶음 배송으로 구매하도록 유도한 것입니다. 만일 내 쇼핑몰의 스테디셀러 중 하나가 빨래 건조대라고 한다면, 후속 제품으로 빨래 건조대와 전혀 상관없는 제품을 런칭하는 게 아니라, 빨래 바구니, 빨래집게, 세탁망 등 빨래 건조대를 찾는 사람이 함께 구매할 법한 제품을 신제품으로 내놓는 것이죠. 그런 다음 이미 판매가 잘 이루어지고 있는 빨래 건조대 페이지에 "신제품인 빨래 바구니를 함께 구매하면, 무료 배송으로 받아볼 수 있습니다."라는 홍보 카피를 추가합니다. 그럼, 빨래 건조대를 구매하러 들어온 고객은 '어차피 구매할 건데 무료 배송 혜택까지 받을 수 있으니, 이번 기회에 사자.' 하면서 빨래 바구니도 함께 구매하게 됩니다. 기존에 내 스토어에 유입되고 있는 트래픽을 활용해서 추가 구매를 일으키고, 객단가를 높이는 전략이죠. 이렇게 후속 상품에도 빠른 판매가 일어나면, 네이버 알고리즘에서는 또다시 '이 제품이 인기 있는 제품인가 보네? 더 앞쪽으로 노출해볼까?' 하고 상품을 앞쪽에 배치해주고, 이로써 두 번째 성공도 거둘 수 있습니다.

돌이켜 생각해보면 제가 1년의 삽질 끝에 스마트스토어를 성공시킬 수 있었던 비결은 손해를 감당하겠다는 자세 덕분이 아닐까 합니다. 초반에는 한 달에 얼마를 벌겠다는 목표가 아닌, '이번 달에 10만 원 정도를 잃어도 감수하겠다.'는 마음가짐으로 스마트스토어를 운영했고, 그 덕분에 사은품이나 광고 등에 투자하는 결정을 내릴 수 있었습니다. 다시 한번 제가 스마트스토어를 성공시킨 과정을 정리하면, 다음과 같습니다.

옆집 CEO의 스마트스토어 성공 과정 >>>

① 동네 잡화점에서 매력적인 아이템을 찾았다.

② 다른 제품보다 가격 경쟁력이 있다고 판단했다.

③ 직접 제품을 촬영한 다음, 스마트스토어에 상세페이지를 작성했다.

④ 투자한다는 마음으로 마진을 남기지 않고, 고객에게 사은품을 제공했다.

⑤ 고객들의 좋은 리뷰로 구매 전환율이 높아지고, 상위에 노출됐다.

⑥ 성공한 아이템과 함께 구매할 수 있는 연관 상품을 출시했다.

⑦ 동일한 방식으로 연쇄적으로 아이템을 성공시켰다.

옆집 CEO의 한마디

**성공하는 스마트스토어에는
운영자의 정성이 담겨 있습니다!**

왜 스마트스토어에
실패하는가?

SBS에서 방영한 〈백종원의 골목식당〉에는 시즌마다 빌런 가게가 등장합니다. 예를 들어 값어치 없는 음식을 가격 뻥튀기로 비싸게 판매하기도 하고, 기본적인 위생도 지키지 않으면서, 방송의 힘을 빌려 인기몰이하려는 속셈을 가진 사람들 말입니다.

스마트스토어에도 이런 빌런이 존재합니다. 이들은 대체로 "저도 스마트스토어 해봤는데, 안 되던데요."라고 합니다. 이 같은 반응에 그들이 운영하는 스마트스토어에 방문해보면, 다른 사람의 상세페이지를 그대로 복붙해 운영하고 있음을 알 수 있습니다. 즉, 어떠한 차별점도 없다는 뜻입니다. 그리고는 "내가 퇴근 후, 한두 시간이나 투자했는데 돈을 못 벌었다."면서 푸념만 늘어놓습니다. 그런데 냉정히 말하면, 그 정도 노력으로 수익을 내길 바라는 것은 대충 일하고, 장사가 잘됐으면 하는 빌런 가게와 별 다를 바 없습니다.

실제로 스마트스토어 운영자 중에는 가족의 생계를 책임지고, 목숨 걸고 도전하는 분이 많습니다. 그들은 당연히 자기가 등록한 상품을 어떻게든 팔기 위해 상품 소싱부터 상세페이지 작성, 고객 응대, 리뷰 등 어느 것 하나 놓치지 않고 정성껏 관리합니다. 그런데 빌런 같은 운영자는 누군가가 구성해둔 상세페이지를 그대로 옮겨두고 '어떻게든 팔리겠지. 한 명쯤은 사지 않겠어?' 하면서 아무것도 하지 않습니다. 그랬는데도 상품 판매가 잘 이뤄진다면, 그거야말로 부조리가 아닐까요?

앞서 저는 스마트스토어를 성공시키기까지 약 1년을 삽질했다고 고백했습니다. 제가 1년 동안 삽질한 이유는 무엇일까요? 부끄럽지만 저도 빌런 가게와 다를 바 없이 행동했기 때문입니다. 도매 사이트에 있는 상품 가운데 아무거나 생각 없이 올리면서, '낚싯대를 던져 놨으니 한 명쯤은 물지 않을까?'라고 생각했던 것입니다. 하지만 제가 경험했듯 이런 식으로 운영하면, 운이 좋아서 몇 번 판매가 일어날지언정, 경험이 실력으로 이어지는 경우는 극히 드뭅니다. 또 실력 없이 번 돈은 언제든지 사라지기 마련이죠.

다음은 제가 스마트스토어를 하면서 삽질하던 때와 매출이 반등했던 때에 한 일을 비교한 표입니다. 둘을 비교한 다음, 본인이 왼쪽에 가까운지, 오른쪽에 가까운지 분석해보세요.

삽질하던 시절	매출이 반등하던 시절
• 도매 사이트의 아무 제품을 팔았다. • 도매 사이트에서 제공하는 상세페이지를 복붙했다. • 리뷰 포인트 지급을 거의 하지 않았다. • 스마트스토어 관련 영상을 보는 시간이 실행하는 시간보다 길었다. • 주문이 일어나지 않으면, 다른 제품을 올리면 된다고 생각하고 금방 포기했다.	• 누구나 구매 욕구가 일어날 법한 제품을 소싱했다. • 직접 정성껏 상세페이지를 만들었다. • 초반에는 모든 마진을 고객에게 리뷰 포인트 또는 사은품으로 돌려줬다. • 실행에 옮기는 시간이 스마트스토어 관련 영상을 보는 시간보다 길었다. • 주문이 일어나지 않으면, 방문자 수, 구매 전환율, 객단가 등을 분석하며, 팔리지 않는 이유를 찾았다.

 옆집 CEO의 한마디

남다른 차별화가 잘나가는 스마트스토어를 만들어줍니다!

스마트스토어 운영에도
어울리는 방식이 있다

　스마트스토어 운영 방식은 보통 위탁 판매, 구매 대행, 사입, 개인 브랜딩 제품 제조로 나뉩니다. 지금부터 제가 설명하는 각 방식의 특징을 잘 살펴보고, 나에게는 어떤 방법이 잘 맞을지 판단하는 시간을 가져보시길 바랍니다.

　첫째, 위탁 판매는 도매 사이트의 상품을 나의 스마트스토어에 등록해두고, 주문이 들어오면, 다시 도매 사이트에 들어가서 발주하는 형태입니다. 이로써 재고 부담이 없으므로, 많은 초보자가 선호하는 방식입니다. 하지만 초기창업 비용이 없고, 그만큼 진입 장벽이 낮아서, 도매 사이트에 올라와 있는 상세페이지를 복붙하는 방식으로 운영할 경우, 가격 경쟁에서 벗어나기 힘듭니다. 그뿐만 아니라 내가 등록한 제품이 많은 관심을 받아 판매가 잘 이뤄지더라도, 공급사에서 갑자기 금액을 올린다거나, 공급을 중단할 경우 한순간에 매출이 끊기는 위험도 있습니다.

●● **위탁 판매의 장·단점**

장점	단점
• 재고 부담이 없다. • 창업 비용이 거의 들지 않는다. • 상세페이지를 따로 만들지 않아도 된다. • 아이템 선정이 자유롭다.	• 지식재산권 분쟁이 생길 수 있다. • 단종, 도매 공급가 인상 등의 이슈가 생길 수 있고, 판매 상황을 컨트롤하기 어렵다. • 아이템 경쟁력이 없다.

가장 큰 문제점은 지식재산권에 대한 분쟁인데, 도매 사이트에서는 이러한 지식재산권 문제에 대해 일체 책임을 지지 않는다는 것이죠. 대부분의 셀러가 위탁 판매할 때, 도매 사이트에 올라와 있는 상세페이지를 마구잡이로 가져와 운영합니다. 그런데 도매 사이트에서 활동하는 판매자 중에는 본인이 제공하는 상세페이지의 원저작권자가 아닌 경우가 많아서 지식재산권에 걸리는 경우가 종종 발생합니다. 특히 프로그램을 활용해 도매 사이트의 제품을 그대로 긁어와 내 스토어에 대량으로 등록할 경우, 지식저작권 문제는 필연적으로 생길 수밖에 없습니다. 이러한

이유로 위탁 판매 방식을 선택한다면, 샘플 1~2개 정도 구매한 다음 직접 상세페이지를 만들어 운영할 것을 추천합니다.

둘째, 구매 대행 방식입니다. 이는 말 그대로 구매를 대신해주는 형식입니다. 그중에서도 가장 널리 알려진 것은 해외 제품을 대신 구매해줌으로써, 일종의 서비스 수수료를 남기는 해외 구매 대행입니다. 소비자 입장에서는 해외에서 판매하는 제품을 현지 사이트에 들어가서 직접 찾고, 결제하기까지 번거로움이 있으니, 돈을 더 지불하고서라도 구매 대행 업체에 맡겨서 구매하는 것이지요.

이 역시 위탁 판매와 마찬가지로, 재고를 안고 있지 않아도 판매를 할 수 있다는 장점이 있어서 많은 직장인이 관심을 두는 영역 중 하나입니다. 하지만 구매 대행도 위탁 판매와 마찬가지로 지식재산권 문제에서 벗어날 수 없으며, 무엇보다도 엄청난 고객 응대를 해야 할 가능성이 높습니다. 또 문의가 들어왔을 때, 내가 직접 물건을 써보지 않고 판매하는 것이므로, 고객에게 제품의 장·단점이나 사용 방법을 안내하기도 어렵습니다. 게다가 상세페이지에 공지해뒀더라도 배송 기간이 길어져서 취소하는 고객과의 분쟁이 생기면, 정신적 스트레스도 받게 됩니다. 이 외에도 위탁 판매는 샘플 1~2개 정도를 구매해 직접 제품을 촬영한 뒤, 상세페이지를 구성할 수 있어서 다른 판매자와 차별화를 둘 수 있지만, 구매 대행은 해외 사이트의 상세페이지를 그대로 가져와서 판매해야 하므로 차별화를 갖추기 어렵고, 최종적으로는 가격 경쟁으로 번질 수밖에 없다는 단점이 있습니다.

그렇다고 해서 구매 대행에 기회가 전혀 없다는 것은 아닙니다. 저는 셀러로 활동하고 있다 보니, 구매 대행을 하는 분들의 영상을 볼 때가 있는데, 구매 대행에서 성과를 내는 분들에게는 공통점이 있습니다. 남들이 피하는 국가를 선택하거나, 부피가 아주 크거나, 무게가 아주 많이 나가거나, 가격이 아주 비싼 즉, 부담스러워서 시도하지 않는 물건을 구매 대행한다는 것입니다. 물론 이 또한 시간이 지남에 따라, 신규 셀러가 유입함으로써 레드오션이 될 수도 있습니다.

●● **구매 대행의 장·단점**

장점	단점
• 재고 부담이 없다. • 창업 비용이 거의 들지 않는다.	• 내가 직접 사용해보지 않고 판매하므로 고객 문의에 답변하기 어렵다. • 교환·반품이 생길 경우 처리가 복잡하고, 내가 비용을 떠안을 수 있다. • 판매 상황을 컨트롤하기 어렵다.

셋째, 사입은 직접 물건을 구매해 판매하는 형식입니다. 주문이 들어오면, 본인이 제품 검수부터 발주까지 해야 하므로 좀 더 많은 수고로움이 드는 대신, 마진율이 높다는 장점이 있습니다. 또 제품을 보낼 때 손 편지와 사은품을 챙겨서 발송할 수 있고, 제품 검수도 할 수 있어서 고객의 만족도가 높습니다.

●● **사입의 장·단점**

장점	단점
• 마진율이 높다. • 직접 제품 검수를 할 수 있어서 제품 컨트롤을 하기 쉽다. • 직접 물건을 써보고 판매할 수 있으므로 고객 응대가 비교적 수월하다. • 재고를 가지고 있어서 실행력이 높아진다. • 묶음 배송이 가능하다.	• 초기 자본이 필요하다. • 재고 부담이 있고, 손실이 생길 수 있다. • 직접 택배를 보내야 해서 노동력과 물류비가 든다.

저는 개인적으로 초보자에게 사입 방식을 추천하는데, 그 이유는 실행력을 높이기 위해서입니다. 앞서 말씀드린 위탁 판매나 구매 대행은 재고가 없다는 장점이 있지만, 초보자에게는 오히려 이 부분이 치명적인 단점으로 작용하기도 합니다. 왜냐하면 재고가 없으니 빨리 팔아야 한다는 부담이 없고, '안 팔리면 그만이지 뭐.' 하고 포기하기 십상이기 때문입니다. 반면에 직접 물건을 사 와 판매하게 되면, 빨리 물건을 팔아야겠다는 압박감

이 생겨서 실행할 수밖에 없는 환경이 조성됩니다. 저도 초보 시절에 겨우 5개 남짓의 재고를 쌓아두었음에도 '저거 빨리 팔아야 하는데.'라는 생각이 떠나지를 않아 실행력이 높아졌고, 덕분에 다른 판매 방식보다 훨씬 빠르게 성장할 수 있었습니다.

마지막으로 개인 브랜딩 제품을 제조하여 판매하는 방식이 있습니다. 과거에는 최소 5,000만 원 이상의 투자금이 있어야, 나만의 제품 제조가 가능했습니다. 그런데 최근에는 다품종 소량 생산 방식이 널리 퍼지고, 도매 업체끼리 경쟁하면서 100개 단위로 제조할 수 있는 업체가 생겨났습니다.

저는 건강식품을 제조하여 판매한 경험이 있는데, 제조비가 약 880만 원밖에 들지 않았습니다. '그게 적은 금액이라고?'라는 생각을 할지 몰라도, 2018년도 신한은행에서 발행하는 〈보통사람 금융생활 보고서〉에 따르면, 평균 오프라인 창업 비용이 8,148만 원임을 감안하면, 오프라인 창업의 1/10 금액으로 창업할 수 있으니 경제적이라고 할 수 있습니다. 제가 알아본 바로는 요즘에는 200~300만 원대로도 나만의 제품을 제조할 수 있는 공장도 있으니, 처음부터 제조에 도전하고 싶다면, 크게 고민할 필요 없습니다.

이렇게 개인 브랜딩 제품을 만들어 판매했을 때의 가장 큰 장점은 바로 마진율인데요. 최소 3배 이상의 마진이 생깁니다. 제가 만든 첫 제조 상품은 원가율이 27%로, 소비자가를 1만 원으로 가정했을 때, 2,700원에 제품을 생산할 수 있었습니다. 더불어 직접 제품을 제조하여 판매하면, 공격적인 마케팅도 가능해집니다. 대개 초보 셀러는 다양한 실험을 해보고 싶어도, 마진 구조가 나오지 않아서 시도조차 하지 못하고 그만두기도 합니다. 10~20%의 마진으로는 광고를 하고, 고객에게 사은품을 제공하기에는 역부족이니까요. 그러나 제품을 만들어 판매하면, 가격 경쟁으로부터 자유로우므로 마케팅 비용을 공격적으로 사용할 수 있습니다. 예를 들어 소비자 가격이 3만 원인 제품을 만드는 데, 1만 원이 든다면 제품 한 개가 팔릴 때마다 1만 원을 마케팅 비용으로 쓴다고 하더라도 마진이 생기니, 그만큼 마케팅에 투자할 수 있겠죠.

●● **개인 브랜딩 제품 제조 판매의 장·단점**

장점	단점
• 상품 소싱, 상세페이지, 마케팅, 고객 관리 등 사업 전반을 학습할 수 있다. • 성과를 내면, 큰 수익을 낼 수 있다.	• 사업자 등록을 해야 한다. • 초기 자본이 발생한다. • 본인의 역량에 따라 손실이 생길 수 있다.

옆집 CEO의 한마디

**위탁 판매, 구매 대행, 사입,
개인 브랜딩 제품 제조.
본인에게 맞는 운영 방식으로
스마트스토어를 키우세요!**

사업을 하려면
스마트스토어부터 해라

스마트스토어는 단순 N잡러를 넘어 경제적 자유를 이룰 만큼의 수익을 내고 싶은 분에게는 추천하고 싶은 부업입니다. 특히 사업가가 되고 싶거나, 큰돈을 벌고자 하는 사람에게는 스마트스토어 운영으로 얻을 수 있는 것이 많습니다. 그도 그럴 것이 스마트스토어는 상품 소싱부터 마케팅, 디자인, 고객 응대, 회계 등 경영 전반에 대한 지식을 갖춰야 할 뿐만 아니라, 수익화하는 데까지 수많은 시행착오가 따르므로, 사업 경영과 돈 버는 방법을 배우기에 매우 적합합니다.

하지만 단순 부업으로 스마트스토어에 도전한다면, 다른 부업을 추천하고 싶습니다. 왜냐하면 스마트스토어는 성과가 나기까지 많은 시간을 투자해야 하므로, 웬만한 결심과 끈기만으로는 수익이 나는 구간까지 버티기 쉽지 않기 때문입니다. 실제 스마트스토어로 성과를 낸 분들의 인터뷰를 들어보면, 시스템이 잡히기 전까지는 잠을 줄여가면서 스마트스토어에 올인했다고 합니다. 그나마 6개월 이내에 성과를 낸 분도 투자한 시간을 계산하면, 아침에 눈을 떠서 밤에 잠들기까지 종일 스마트스토어에 몰두했음을 알 수 있습니다. 물론 시스템이 잡힌 뒤에는 하루 1시간만 일해도 문제없을 정도로 안정되지만, 그전까지는 많은 투자가 필요합니다.

그렇기에 스마트스토어는 가벼운 부업이 아닌 사업 연습의 의미로 접근하는 분에게 더 큰 기회가 오리라 생각합니다.

> **스마트스토어를 추천하는 사람 >>>**
> ① 사업을 하고 싶은 사람
> ② 월 500만 원 이상의 큰 부수입을 얻고 싶은 사람
> ③ 하루 4시간 이상 투잡에 투자할 의지와 여력이 있는 사람

옆집 CEO의 한마디

**스마트스토어는
사업을 배울 수 있는 탁월한 수단입니다!**

스마트스토어가 더 궁금하다면

Q 스마트스토어는 이미 레드오션 아닌가요?

스마트스토어를 시작하기 전에 가장 궁금한 부분이 아닐까 합니다. 그런데 이렇게 생각해보면 어떨까요? 우리나라의 외식업체 수는 약 67만 개입니다. 이렇듯 우리나라 외식업이 이미 포화 상태이니, 식당을 창업하면 모두 망할까요? 아닙니다. 매년 수많은 음식점이 폐업하기도 하지만, 성공하기도 합니다. 스마트스토어 또한 마찬가지입니다. 진부한 얘기처럼 들릴지 몰라도, 어떻게 하느냐에 따라 결과는 달라지기 마련입니다.

2020년 기준, 스마트스토어 연간 거래액은 업계 최대 규모인 17조 원에 달하며, 거래액 성장률은 연 35%입니다. 이 큰 시장에서 성과를 내느냐, 못 내느냐는 결국 본인의 역량이지, 레드오션이라서 망하고, 블루오션이니 성공한다는 영역이 아니라는 말입니다. 이 외에도 스마트스토어를 지금 시작해도 늦지 않은 이유 세 가지를 설명해보겠습니다.

첫 번째 이유는 시장에는 언제나 신흥시장과 틈새시장이 존재하는데, 이 틈새를 이용하면 후발주자도 얼마든지 성공 가능성이 있어서입니다. 가령, 한국에서 제로 웨이스트라는 개념은 2020년에 들어 본격적으로 주목받았습니다. 이 말은 2019년 말~2020년에 소창수건, 천연수세미, 소프넛 등 제로 웨이스트 관련 용품을 판매하기 시작했다면, 비교적 경쟁률이 낮은 시장에서 빠르게 안착할 수 있었다는 의미입니다. 또 2021년대부터는 미드 센추리 모던 디자인과 체커보드 패턴, 점박이 문양의 마블 디자인, 컨페티 패턴 등이 유행하기 시작했는데요. 이렇게 특정 디자인이 유행하기 시작했을 때, 내가 먼저 이 시장에 들어간다면, 시장을 선점할 수 있습니다.

두 번째 이유는 플랫폼 사이의 경쟁으로 여전히 판매자들에게 기회가 많다는 것입니다. 다시 말해 쿠팡, 네이버, 티몬, G마켓 등 유명 마켓이 서로 판매자를 유치하기 위해 경쟁하고, 이는 판매자에게 유리하게 작용합니다. 특히 국내는 플랫폼의 승자가 확실하게 가려지지 않은 상태이므로, 이러한 판매자 유치 경쟁은 계속될 것으로 보입니다. 전 세계 이커머스 시장을 살펴봤을 때, 시장 점유율이 30%가 넘으면 확실한 승자가 나타났다고 보는데, 국내 Top 3 업체인 네이버, SSG, 쿠팡은 각각 시장 점유율 17%, 15%, 13%를 차지하고 있습니다. 아마존이 미국 이커머스 시장 점유율의 41%를 차지하고, 알리바바가 중국 이커머스 시장의 45%를 점유하는 것에 비하면 현저히 낮은 수치죠. 한마디로 앞으로 이커머스 플랫폼 승자가 나타나기 전까지는 각 플랫폼은 판매자 유치를 위한 경쟁을 계속할 것이고, 판매자에게도 기회가 올 것입니다. 더불어 새로운 시장이 지금 이 순간에도 생겨나고 있다는 점도 한몫합니다.

마지막 이유는 제대로 하는 사람이 1%도 안 된다는 것입니다. 벤처캐피탈 '앤드리슨 호로위츠'의 조사에 따르면, 온라인 강의의 완강률은 평균 3~7% 수준이라고 합니다. 완강률이 이 정도라면, 강의를 실행에 옮기는 사람의 비율은 몇 %일지 예상이 갑니다. 옆집 CEO 유튜브 채널에 조회 수 40만을 달성한 영상이 있습니다. 해당 영상에서 저는 크리스마스 시즌에 오르골이 잘 팔리니, 가을부터 미리 경쟁력 있는 오르골을 소싱해서 준비한다면 큰 이익을 얻을 수 있다고 노하우를 공유했습니다. 그리고 실제로 그해 크리스마스 시즌에 스마트스토어에서 오르골은 어마어마한 판매량을 보였습니다. 만약 제가 알려드린 대로 오르골을 소싱해 판매한 분은 엄청난 판매를 성공시켰을 것입니다. 하지만 제 영상을 본 40만 명 중에 오르골 소싱을 행동으로 옮긴 사람은 제가 알기론 한 명도 없습니다.

Q 사업자 없이도 시작할 수 있나요?

결론부터 말씀드리면 사업자가 없이도 시작할 수 있습니다. 2022년 기준으로 연 매출 1,200만 원 이하, 거래 건수 20건 이하일 경우 사업자 등록 없이 개인 판매자로 활동할 수 있죠. 하지만 정말 스마트스토어로 돈을 벌 생각이라면, 일단 등록하고 시작하라고 말씀드리고 싶습니다. 왜냐하면 사업자로 등록하는 것부터가 마음가짐의 차이를 만들어내며, 사업자등록증이 없으면 도매 사이트 가입 자체가 불가능하고, 쿠팡, G마켓, 옥션 등에도 가입할 수 없습니다.

Q 택배 계약은 어떻게 하나요?

초반에 물량이 많지 않을 때에는 편의점 택배를 이용하면 되는데요. 보통 2,700원~2,900원 정도면 발송이 가능합니다. 또 네이버 스마트스토어에서는 '착한 택배'라는 서비스를 제공하는데, 이 서비스를 신청할 경우 월 발송량에 상관없이 3,200원에 택배를 보낼 수 있으며, 월 발송량이 100건이 넘어갈 경우 2,800원에 보낼 수도 있습니다. 특히 착한 택배는 편의점 택배와 달리 택배 기사가 직접 방문해 수거를 해 가므로 물량이 많다면, 착한 택배 서비스를 이용하는 것도 방법입니다.

하나의 꿀팁을 드리자면, 네이버 카페 '셀러오션' 이용을 추천합니다. 셀러오션에는 택배 게시판이 별도로 있는데, 해당 게시판에 '지역+택배 기사님 구합니다.'라는 형식으로 글을 올리면, 수많은 택배 영업소에서 입찰 경쟁을 하듯 쪽지가 옵니다. 예를 들어 '서울 강남구 월 500건 이상 택배 기사님 구합니다. 견적 보내주세요.'라고 글을 작성하면, 신규 고객을 유치하려는 기사와 영업소 간의 경쟁으로, 비교적 낮은 가격에 택배 계약이 가능합니다.

5장

나에게 맞는 N잡 찾기 2

_유튜브

유튜브를 시작하기 가장 좋은 때는 지금이다

　직장인이 가장 많이 하는 2대 허언이 "나 유튜브 할 거야."와 "나 퇴사할 거야."라고 합니다. 그만큼 많은 직장인이 선호하는 부업이 유튜브라는 뜻이겠죠. 저 또한 직장에 다니던 시절부터 "유튜브 할 거야."를 입에 달고 살았지만, 행동으로 옮기기까지는 꼬박 2년이란 시간이 걸렸습니다. 그리고 실제로 해보고 나니, 할까 말까 망설인 2년이 너무 아까웠습니다. 이에 저는 유튜브를 할 생각이 있다면, 하루라도 빨리 시작하라고 말하고 싶습니다. 제가 이토록 유튜브를 추천하는 이유는 크게 세 가지입니다.

첫째, 유튜브는 초보가 고수를 이길 수 있는 분야입니다. 누군가 "이제 유튜브는 레드오션이라서 안 돼."라고 하면, '아직 유튜브에 대해 아무것도 모르는 사람이구나.'라는 생각을 합니다. 왜냐하면 유튜브 알고리즘을 안다면, 그런 말을 할 수 없으니까요. 오히려 유튜브는 레드오션이라서 더더욱 시도해야 합니다.

대부분의 N잡 세계는 선발주자가 후발주자에 비해 압도적으로 유리합니다. 예를 들어 네이버 블로그가 생긴 지 얼마 안 된 시점에 네이버 블로그를 개설한 1세대 블로거들은 압도적으로 많이 쌓인 콘텐츠와 네이버 알고리즘의 선택을 받아, 이제 막 블로그를 운영하기 시작한 블로거에 비해 다양한 기회를 얻습니다. 하지만 유튜브는 정반대의 메커니즘이 작동합니다. 다시 말해 기존 유튜버들이 힘들게 키워둔 시장을 후발주자들이 손쉽게 이용하는 것이죠. 이로써 후발주자는 선발주자보다 알고리즘의 선택을 받기가 수월합니다.

조금 더 자세히 살펴볼까요? 보통 유튜브에 접속하면 홈 화면부터 보게 됩니다. 그리고 홈 화면에 올라온 영상 중 하나를 클릭해서 시청한 뒤, 그 영상 아래에 추천되는 다른 영상을 보는 식으로 꼬리에 꼬리를 물며 영상을 봅니다. 그렇다면 유튜브는 어떤 기준으로 홈 화면이나 다음 추천 영상에 띄워줄 영상을 고를까요? 바로 유저의 이전 시청 기록입니다. 즉, 해당 유저가 이전에 본 영상을 기준으로 다음 영상을 보여주죠. 만약에 유저가 ASMR 영상을 봤다면, 홈 화면이나, 다음 영상에서도 ASMR 영상을 추천해줄 것이고, 낚시 관련 영상을 봤다면, 낚시 영상을 추천주겠죠. 이 말인 즉, 우리는 어떤 측면에서 1세대 유튜버보다 더 쉽게 알고리즘의 선택을 받을 수 있다는 뜻입니다. 예를 들어 당신이 1세대 패션 유튜버라면 알고리즘이 이 영상을 누구에게 뿌려줄지 난감했을 것입니다. 많은 사람에게 뿌려주려면 이전에 옷 잘 입는 방법, 데일리 코디 등과 관련된 영상을 본 사람을 찾아야 하는데, 영상 자체가 적어 패션 관련 영상을 본 사람을 찾기가 힘드니까요. 하지만 지금 당신이 패션 유튜버로 진입한다면, 유튜브는 너무도 쉽게 누구에게 당신의 영상을 추천해줘야 할지 알아챌 것입니다. 이미 유튜브에 패션 관련 영상이 넘쳐나니, 관련 영상을 즐겨보는 사람에게 당신의 영상을 추천하는 것이죠. 이렇듯 유튜브는 후발주자로 진입한 초보 크리에이터에게도 끊임없이 기회를 주는 플랫폼입니다. 당신이 좋은 콘텐츠만 만든다면, 알고리즘에 선택되는 기회는 무조건 옵니다.

둘째, 유튜브는 단기간 내에 성과를 낼 수 있습니다. 오늘부터 투잡으로 블로그를 한다고 가정해봅시다. 당신이 전문 작가 수준의 고퀄리티의 글을 고화질 사진과 함께 정성들여 게시한다고 한들, 첫 게시글의 조회 수가, 1만 또는 10만이 될 수 있을까요? 현실적으로 매우 어려울 것입니다. 실상은 100을 넘기기도 어렵죠. 블로그뿐만 아니라 페이스북, 인스타그램 등 다른 SNS 채널도 마찬가지입니다. 처음으로 올린 게시물부터 대박이 터지기는 어렵다는 얘기입니다. 반면 유튜브는 첫 영상부터 대박 날 수 있습니다.

예를 들어볼까요? 저의 첫 유튜브 영상은 2022년 9월 기준 4.6만 조회 수를 기록하고 있습니다. 그다음으로 올린 두 번째 영상은, 이 글을 쓰고 있는 시점에서 50만 조회 수를 넘어섰죠. 영상 4개로 1만 구독자를 만들었고, 8개로 2만, 12개로 3만 구독자를 만들었습니다. 소위 말하는 떡상 유튜브 채널이 된 것이죠. 그런데 이런 성과가 저에게만 일어난 것일까요? 제 결과물은 귀엽게 느껴질 정도로 저보다 훨씬 빠르게 성장한 유튜브 채널은 무수히 많습니다.

70만 구독자를 보유하고 있는 유튜버 '과나'는 2019년 10월 6일 6가지 라면볶이 레시피 영상을 업로드했습니다. 요리라는 지극히 평범한 주제를 다뤘지만, 레시피를 노랫말로 만들어 노래와 유머를 섞어 콘텐츠를 만들었고, 엄청난 호응을 받아 단 3개의 영상으로 10만 구독자를 돌파했습니다. 이 외에도 유튜브,

인스타그램 등의 데이터를 분석하는 프로그램 '눅스 인플루언서'에 접속하면, 최근 구독자 수가 급상승 중인 유튜버 TOP 100을 확인할 수 있는데, 얼마나 많은 신규 유튜버가 알고리즘의 선택을 받아 급격한 채널 성장을 이루었는지, 실시간으로 확인할 수 있습니다.

셋째, 유튜브는 다른 비즈니스와 연계해 수익화하기가 쉽습니다. 유튜브 관련 커뮤니티를 돌아다니다 보면 "유튜브 조회 수 높아 봤자 돈 안 되던데."라는 말이 종종 눈에 띕니다. 어느 정도 일리 있는 말입니다. 단, 유튜브의 수익 구조를 영상 중간에 나오는 광고로만 본다면 그렇습니다. 저 역시 4만 구독자를 보유하고 있지만, 3주 이상 영상을 한 개도 올리지 않았더니, 구글 애즈로 들어오는 수입이 월 50만 원 아래로 줄었습니다. 그런데도 제가 유튜브로 수익화를 내기 쉽다고 하는 이유는 무엇일까요? 바로 유튜브 광고 수익 외에 다른 비즈니스 수익으로 연계하기가 쉬워서입니다.

저는 유튜브는 퍼스널 브랜딩 또는 브랜드의 팬을 만드는 데 가장 유용한 매체 중 하나라고 확신합니다. 마이크로소프트의 연구에 따르면, 인간의 평균 집중 지속 시간은 8초에 불과한데, 개인적으로는 온라인상에서 이러한 현상이 더 심해진다고 생각합니다. 저만해도 온라인에서는 단 3초라도 지루함을 느끼면, 다른 놀거리를 찾게 되니까요. 인스타그램은 또 어떤가요. 혹 인스타그램 게시물 하나를 1분 이상 본 적 있나요? 아니면 블로그에 포스팅된 글 하나를 10분 이상 읽은 적 있나요? 아마 없을 것입니다. 인스타그램은 길어야 30초, 블로그는 길어야 5분 정도 집중하고 끝날 것입니다. 고객의 집중 시간이 짧다는 말은 곧, 내가 전달하고자 하는 메시지를 누군가의 머릿속에 각인시키기 어렵다는 뜻이기도 합니다. 이러한 이유로 퍼스널 브랜딩이 필요하거나, 본인 브랜드를 홍보해야 하는 입장에서는 아쉬움이 남을 수밖에 없습니다. 내가 전달하고 싶은 메시지는 많은 데 비해, 유저가 콘텐츠를 보는 데 쓰는 시간은 짧기 때문이죠. 바로 이 지점에서 동영상의 마법이 벌어집니다. 유튜브의 가장 큰 장점 중 하나는 오랜 시간 시청자를 붙들고 있을 수 있다는 사실입니다. 그리고 누군가의 시간을 점유하는 순간, 돈을 벌 수 있는 확률은 배로 늘어납니다.

숏폼 형식을 제외한 대부분의 유튜브 영상 길이는 5분이 넘습니다. 지금 당장 유튜브 피드만 봐도, 채널에 따라 30분이 넘는 콘텐츠가 심심치 않게 있습니다. 이렇게 유튜브는 다른 매체에 비해 압도적인 시간 점유율의 차이로 압도적인 차이를 만들어줍니다.

5분이란 시간이 별것 아닌 것처럼 느껴질 수도 있겠지만, 누군가가 5분 이상 나의 이야기를 집중해서 보는 것은 엄청난 기회입니다. 가령, 5분짜리 영상을 업로드 해 1,000명이 시청했다면, 다른 사람의 시간 5,000분(83.3시간)을 점유한 것이고, 1만 명이 시청했다면 5만 분(833시간)을 점유한 것입니다. 누군가의 833시간을 산다는 것은 어마어마한 사업화 기회입니다. 당신은 그 시간을 활용해 세일즈를 할 수도 있고, 퍼스널 브랜딩을 할 수도 있고, 기존 구독자의 충성도를 높일 수도 있습니다. 한마디로 어떤 물건이든 팔 기회가 생기는 것입니다. 설령 판매할 게 없다고 하더라도, "저희 물건 대신 홍보하고 팔아주세요."라며 제안이 들어오기도 합니다. 이쯤 되면 유튜브만큼 누군가를 오랜 시간 붙들어 두고, 나의 이야기를 전하기에 좋은 매체가 없음을 느낄 것입니다. 본인의 긴 논리를 처음부터 끝까지 청중이 집중하면서 듣게 하기에 영상이란 매체는 가장 강력한 도구입니다.

제가 생각했을 때 유튜브의 또 다른 강점은 유튜브는 1:다(多) 커뮤니케이션 방식임에도 불구하고, 마치 크리에이터와 내가 1:1로 커뮤니케이션 하는 듯한 느낌을 준다는 것입니다. 이러한 특징 덕분에 구독자 충성도가 생겨날 수밖에 없습니다. 나를 사랑해주는 열렬한 팬 1,000명만 있어도 망하지 않는다고 하죠. 이런 관점에서 봤을 때, 유튜브에서 진성 구독자를 1,000명 이상 보유하고 있는 크리에이터는 어떤 방식으로든 나 한 명 먹고 살 정도의 밥벌이는 할 수 있습니다.

여담으로 경제/경영 유튜브 채널에서 "이 사람 강의 팔이 하네."와 같은 댓글을 자주 볼 수 있는데, 같은 댓글을 받아본 입장에서 말씀드리면, 제대로 본 것입니다. 저 또한 유튜브를 시작한 덕분에 유튜브를 하지 않았더라면 얻지 못했을 많은 기회를 얻었고, 강의 판매, 다른 대표와의 동업·협업을 하며 비즈니스 확장을 할 수 있었으니까요. 이렇게 책을 집필할 기회가 생긴 것도 모두 유튜브를 통해 저를 브랜딩한 덕분이라고 할 수 있습니다. 다만 이 책을 읽는 당신만큼은 냉소적으로 접근하기보다, 다른 각도에서 현상을 바라보면 좋겠습니다. '이렇게 많은 사람이 유튜브 테크트리를 탄다면, 이 분야가 돈이 되어서가 아닐까? 나도 유튜브로 퍼스널 브랜딩해서 수익화에 도전해볼까?'라고 말이죠.

"누군가의 진짜 노하우를 알고 싶다면, 그 사람이 어떤 말을 하는지가 아니라, 그 사람이 어떤 행동을 하는지 보라."는 말이 있습니다. 많은 돈을 번다는 사람들이 왜 유튜브란 매체에 집중하는지 판단해보면, 유튜브를 시작해야 하는 이유가 명확해질 것입니다.

💬 옆집 CEO의 한마디

유튜브를 할까 말까 고민한다는 것은
시간만 낭비하는 것과 같습니다!

세 가지만 알면
유튜브 삽질을 막을 수 있다

대학 시절부터 친하게 지내는 지인 중 한 명은 사업을 하면서, 본인의 미디어를 만드는 데 관심이 많아, 10개 가까이 되는 유튜브 채널을 개설해, 2년 이상 키우고 있습니다. 그런데 수백 개의 영상을 올리며, 성실하게 운영했음에도 10개 가까이 되는 채널 중 구독자가 가장 많은 채널이 2,000명을 간신히 넘을 정도로 성과가 좋지 않았습니다. 그러던 중 저를 만나 제가 영상 4개로 1만 구독자를 모았다는 이야기를 듣고는 놀라면서, 저에게 유튜브 잘하는 방법을 물어왔습니다. 워낙 똑똑하고, 실행력이 좋은 분이라 왜 그동안 성과가 나지 않았는지 의아해 그분의 유튜브 채널을 확인해보니, 이유가 바로 보였습니다.

　가장 큰 문제는 영상에서 다루는 내용 자체는 유튜브에서 보기 드물 정도로 유익하고 좋은데, 컷 편집조차 안 돼 있어서 초반의 지루함을 견디고 끝까지 영상을 보기가 어렵다는 부분이었습니다. 이에 저는 "영상 컷 편집이라도 해서 올리면 지금보단 훨씬 잘될 것 같은데, 특별히 안 한 이유가 있나요?"라고 물었습니다. 그랬더니 "유튜브를 시작하면서 유튜브 관련 책을 몇 권 읽었었는데, 그 책에서 1일 1 영상을 올리라고 하더라고요. 성실하게 운영하다 보면 언젠가는 잘 된다고."라는 답변이 돌아왔습니다. 지인은 그 말만 믿고, 오랫동안 삽질을 해왔음을 알 수 있었습니다. 이 같은 지인의 사례를 참고하여 유튜브 삽질 방지를 위한 세 가지 포인트를 알려드릴 텐데, 이 부분만 정확히 인지해도, 당신의 삽질 시간은 절반 이상 줄어들 것입니다.

　첫째, 유튜브는 양보다 질입니다. 유튜브는 양보다는 질이 중요한 플랫폼입니다. 그러므로 구독자가 없는 초기 유튜버일수록 영상 4개를 만들 때 쏠 에너지를 1개 영상에 쏟아붓는다는 생각으로 영상의 질을 높이는 데 집중하는 것이 좋습니다.

　유튜브라는 기업의 입장에서 생각해볼까요? A라는 사람이

1일 1 영상을 올리며, 허술한 콘텐츠를 발행한다고 가정해봅시다. 그런데 그 영상이 알고리즘에 의해 B라는 유저에게 노출이 됐고, B가 그 영상을 클릭했습니다. 하지만 퀄리티도 좋지 않고, 실제로 몇 초 보다 보니 본인 취향에도 맞지 않습니다. 짜증이 난 B는 "에이, 뭐야 재미없잖아." 하고, A가 올린 다른 영상을 틉니다. 안타깝게도 다음 영상 역시 30초도 보기 힘들었고, 다음 콘텐츠도, 그다음 콘텐츠도 소위 말하는 '노잼' 콘텐츠의 연속이었습니다. 이 시점에서 생각해볼까요? 만약 B에게 이런 상황이 거듭 반복되면, B는 유튜브를 계속 사용할까요? 아니겠죠. 대부분의 온라인 유저는 아주 작은 지루함도 견디지 못합니다. 모르긴 몰라도 B는 '넷플릭스나 봐야지.' 하고 유튜브를 떠날 가능성이 큽니다. 광고 수익으로 먹고사는 유튜브 입장에서 이렇게 시청자가 떠나는 일은 가장 치명적인 일일 것입니다.

그렇다면 유튜브는 어떤 유튜버를 대우할까요? 오래오래 시청자를 붙들어두는 콘텐츠를 대우할 수밖에 없습니다. 만약 C 크리에이터의 영상을 B에게 노출했는데, B가 그 콘텐츠를 재미있게 보고, C 크리에이터의 다음 영상까지 계속 이어서 본다면, 유튜브에 체류하는 시간이 늘어나고, 그만큼 시청하는 광고 수도 늘어나겠죠. 그러면 유튜브 입장에서도 이익일 것입니다. 다시 말해, 유튜브는 유튜버가 얼마나 성실하게 영상을 올리는가를 보는 것이 아니라, 해당 유튜버가 얼마나 '좋은 영상'을 꾸준히 올리는가를 봅니다. 이때 좋은 영상이란, 잘 꾸민 영상이 아니라, 유저를 오랜 시간 붙들어둘 수 있는 영상을 말합니다. 한마디로, 시청 지속 시간을 받쳐주는 영상을 만들어야 한다는 것입니다. 크리에이터가 아무리 성실하게 콘텐츠를 업로드하더라도 시청 지속 시간이 뒷받침되지 않는다면, 그 채널을 밀어줄 수 없습니다. 한 달에 영상 한 개를 발행하더라도, 퀄리티 좋은 영상을 올려야 하는 이유입니다.

앞서 10개 채널을 만들었지만, 번번이 실패한 지인에게도 "생각나는 대로 영상을 올리는 방식에서 벗어나, 한 달에 한 개의 영상을 만들더라도 제대로 기획해서 촬영한 다음, 보기 좋게 편집해서 만들어보세요."라는 이야기를 해드렸습니다. 다시 한번 강조하자면, 영상 수보다 영상의 시청 지속 시간이 더 중요합니다. 일례로 '양품생활'이라는 제품 리뷰 유튜브 채널은 개설 이후 약 3년이 된 채널임에도 불구하고, 누적 동영상 수가 2022년 9월 기준으로 30개 내외입니다. 그런데도 구독자 수는 35만 명이 넘으며, 최고 조회 수가 708만 회입니다. 다른 예로 비양심 기업 제품이나 허위·과장 광고 리뷰를 주로 다루는 '사망여우' 채널은 2022년 9월 기준으로 구독자 수 91만 명을 보유하고 있는데, 업로드 주기도 없이 드문드문 영상이 올라오며, 2022년 상반기에 업로드 한 영상은 단 2개밖에 없지만, 각각 137만, 333만 조회 수를 기록했습니다.

유튜브에서 100명의 구독자를 모은다고 했을 때 A, B, C, D, E 영상이 각 20명의 구독자를 데려오는 것이 아닙니다. 보통은 A 영상 하나가 구독자 90을 데려오고, 나머지 B, C, D, E가 10의 구독자를 데려오는 경우가 많죠. 유튜브 생태계가 이러하니, 당신이 집중할 것은 A와 같은 영상을 만드는 것입니다.

둘째, 유튜브를 시작한 초반에는 한 가지 주제만 공략하는 것이 좋습니다. 초반부터 여러 가지 주제를 동시에 운영하는 것은 유튜브를 망치는 지름길입니다. 이 또한 알고리즘과 관련이 있습니다. 예를 들어 경제/경영/자기 계발 유튜브를 운영하는 제가 구독자가 늘어난 기쁨에 취해서 '팬이 많이 생겼네? 구독자들은 나에게 관심이 많을 테니까 먹방 영상도 올려볼까?' 하고 먹방 영상을 올린다면 어떻게 될까요? 슬픈 얘기지만 제 구독자들은 제 영상을 안 보기 시작할 것입니다.

여기서 질문 하나 하겠습니다. 유튜브 알고리즘상 가장 최악의 채널이 무엇인지 아시나요? 바로 '구독자도 안 보는 영상을 올리는 채널'입니다. 그러니 어느 정도 표적화된 구독자가 모였다면, 주제를 갑자기 바꾸지 말고 구독자가 반응하는 주제가 무엇인지를 연구하며, 주제를 탐색하는 것이 좋습니다.

유튜브 영상이 비구독자들에게 퍼지는 원리는 이렇습니다. 내가 영상을 올렸을 때, 유튜브 알고리즘은 우선 나의 채널을 구독하는 유저들에게 내 영상을 보여줍니다. 그리고 내 구독자들이 영상 클릭도 잘하고 시청도 길게 한다면, 유튜브는 '이 영상이 좋은 영상인가 보네.' 하고 비구독자들에게도 내 영상을 추천해줍니다. 이런 식으로 떡상 영상이 생기기도 하고, 망하는 영상이 생기기도 하는 것이죠. 그러니 어느 정도 팔로워가 모였을 때 뜬금없이 방향을 바꿔서 알고리즘을 망치는 일은 하지 않길 바랍니다.

한마디 덧붙이자면, 많은 구독자가 생겨서 기쁜 마음에 본인 브이로그를 올려 알고리즘을 망치는 경우가 있습니다. 그런데 내가 연예인급의 외모를 가졌거나, 언변이 엄청나게 뛰어난 것이 아닌 이상 브이로그는 채널에 좋은 영향을 주지 못합니다. 왜냐하면 사람들은 생각보다 타인의 일상에 별로 관심이 없기 때문입니다. 부디 이 점을 인지하고, 취미가 아니라 수익을 목적으로 유튜브 채널을 운영한다면, 내가 만들고 싶은 콘텐츠가 아닌 구독자가 좋아하는 콘텐츠를 만들었으면 합니다.

셋째, 섬네일을 만들 때는 타깃을 최대한 넓게 잡아야 합니다. 신기하게도 인스타그램, 블로그에서는 승승장구하다가 유튜브에서는 제 실력을 발휘하지 못하는 경우가 많습니다. 앞에서 언급한 지인 또한 블로그 영역에 있어서는 저보다 훨씬 잘 운영하는 분입니다. 어떤 매체든 똑같이 콘텐츠를 다루는 것인데, 왜 이런 차이가 발생할까요? 바로 블로그와 유튜브의 작동 방식이 전혀 다르기 때문입니다. 블로그가 타깃을 좁힐수록 유리한 플랫폼이라면, 유튜브는 타깃을 넓힐수록 유리한 플랫폼이라는 것이죠.

설명을 더해보겠습니다. 블로그 유저들은 보통 키워드를 검색해 해당 블로그로 유입됩니다. 예를 들어 순천으로 데이트하러 가기로 한 연인은 '순천 데이트코스', '순천 맛집'과 같은 키워드를 검색할 것이고, 부모님 생신을 앞둔 사람은 '50대 남자 선물', '30만 원대 아빠 생신 선물 추천' 등의 키워드를 검색할 것입니다. 이렇게 블로그의 유저는 특정한 목적으로 방문하는 경우가 많습니다. 이에 블로거들은 포스팅할 때, 세부적인 키워드를 넣어 제목을 만듭니다. 맛집 관련 포스팅을 한다면, '맛집 다녀왔어요.'라고 하지 않고, '잠실 종합운동장역 분위기 좋은 레스토랑 데이트 코스 커플 맛집'과 같은 방식으로 제목을 작성합니다.

이렇게 블로그의 주요 유입 경로가 키워드 검색이라면, 유튜브는 검색보다 홈 화면이나, 추천 영역에 노출되어 유입되는 경우가 많습니다. 평소 블로그와 유튜브 사용 패턴을 비교해보면 쉽게 이해될 텐데, 블로그 앱을 깔아 '다른 블로그에는 어떤 글이 올라왔을까?' 하고 블로그를 둘러보는 유저는 얼마 안 될 것입니다. 반면 유튜브는 습관적으로 접속해 홈 화면에 어떤 영상이 있는지 확인하면서, 그중 흥미로운 영상을 선택해 시청하는 방식으로 이용합니다. 즉, 특정한 목적이 있어서 유튜브를 켜는 것이 아니라, '오늘 뭐 볼 거 없나?' 하는 생각으로 유튜브를 이용하는 것이죠. 이러한 이유로 똑같은 콘텐츠일지라도 타깃을 가능한 한 넓게 선정해 섬네일 카피를 작성해야 합니다. 블로그에서는 '잠실 종합운동장역 분위기 좋은 레스토랑 데이트 코스 커플 맛집'으로 통했다고 하더라도, 유튜브에선 많은 유저의 선택을 받지 못하는 제목입니다. 이유인 즉, '잠실 종합운동장역'이라는 키워드는 지방에 사는 사람들의 클릭을 부르지 않을 것이고, '분위기 좋은 레스토랑', '커플 맛집' 키워드는 싱글에게는 끌리지 않을 것이기 때문입니다.

① 잠실 종합운동장역 분위기 좋은 스시 오마카세 데이트 코스 커플 맛집

② 3만원 대 역대급 가성비 스시 오마카세

만일 위와 같은 두 개의 제목이 있을 때 유튜브에서는 ②번 제목이 승리할 수밖에 없습니다. ①번과 달리 지역에 상관없이 관심 가질 수 있는 주제이고, 애인의 유무와 상관없이 눌러볼 수 있는 내용이니까요. 즉, 유튜브는 섬네일에서 얼마나 많은 타깃을 담을 수 있느냐에 따라 조회 수가 결정됩니다.

제 유튜브 채널이 다른 채널에 비해 빠르게 성장할 수 있었던 비결도 영상을 올릴 때 타깃을 좁히는 단어를 선택하지 않았던 덕분입니다. 가령, 스마트스토어로 상품 소싱하는 방법을 다루는 영상이라고 할지라도 '스마트스토어 상품 소싱하는 방법'보다는 '퇴근 후 월 100만 원 벌기'와 같이, 대한민국 직장인이라면 대부분 궁금해할 만한 주제를 섬네일로 잡았습니다. 타깃을 넓힐수록 홈 화면 또는 추천 영상에 제 섬네일이 클릭 받을 수 있는 확률이 높아지니까요. 장담하건대 이 부분만 숙지해도 유튜브를 키우는 데 삽질하는 시간을 압도적으로 단축할 수 있습니다.

💬 **옆집 CEO의 한마디**

유튜브는 양보다 질이라는 사실을 명심하세요!
··

단기간에 성장하는 유튜브는 따로 있다

유튜브를 삽질 없이 단기간 내에 성장시키고 싶은 분들에게 한 가지 안내를 드리자면, 처음에는 창의성을 발휘하려고 하지 말고, 조회 수가 높은 영상을 모방하라고 하고 싶습니다. 왜냐하면 유튜브는 오픈북 테스트라서 성장시키기 어렵기 때문입니다. 다시 말해 이미 정답이 세상에 공개되어 있어, 누구나 성장시키는 방법을 안다는 말이죠. 그러니 모범 답안지인 잘나가는 채널을 따라 하면서, 본인만의 색깔을 찾아나갈 것을 권장합니다. 가장 대표적인 성장 비결은 아래와 같습니다.

① 채널마다 최고 조회 수를 달성한 영상의 섬네일을 그대로 쓴다.
② 채널마다 최고 조회 수를 달성한 영상의 대본을 그대로 쓴다.

물론 제가 그대로 쓰라고 했다고 해서 정말 토씨 하나 틀리지 않고, 그대로 베껴 쓰라는 말은 아닙니다. 문장 구조는 그대로 가져오되, 단어를 바꿔서 사용하라는 의미입니다. 이 두 가지 전략만 활용해도, 적어도 중간치 이상의 콘텐츠를 만들 수 있습니다.

이렇게 성장시키는 방법을 알았다면, 유튜브로 어떻게 수익을 낼 수 있는지 살펴보도록 하겠습니다. 대부분 유튜브를 시작하려는 이유는 돈을 벌기 위해서일 것입니다. 그렇다면 유튜브를 시작하기에 앞서, 어떠한 방식으로 돈을 벌 것인가를 생각해야 합니다. 선택한 수익화 구조에 따라 유튜브의 방향성이 달라지니까요. 유튜브 수익화 구조는 다음 세 가지로 나뉩니다.

① 유튜브 파트너 수익
② 콘텐츠 수익
③ 사업화 수익

유튜브로 수익화할 수 있는 가장 대표적인 방법은 파트너 수익입니다. 많은 사람이 유튜브 수익화하면 가장 먼저 떠올리는 수익화 방법이 구글 애즈 광고가 아닐까 합니다. 여기서 말하는 광고 수익은 동영상이 시작하기 전이나 영상 시작 후 중간중간 나오는 광고를 말합니다. 지인들과 대화해 봐도 구글 애즈 광고 수익이 유튜브 수익 중 가장 높은 비율을 차지한다고 생각합니다. 그런데 구글 애즈 광고 수익은 유튜버가 실제 버는 수익 중 일부에 불과합니다. 뒤에서 자세히 말씀드리겠지만, 구글 애즈 수익보다는 광고주로부터 직접 의뢰를 받아 콘텐츠를 만들어 업로드하는 대가로 얻는 수익 또는 본인 사업과 연계했을 때 훨씬 더 큰 수익을 낼 수 있습니다. 그럼, 구글 애즈 광고 수익을 메인 수익원으로 하는 채널은 어떤 채널일까요?

첫째로 광고주가 광고를 맡기기 꺼리는 민감한 주제를 다루는 채널입니다. 가장 대표적으로 '사이버 렉카'라고 불리며 연예계 가십을 다루는 채널이 있습니다. 각종 사건 사고나 연예계 가십을 다뤄서 조회 수가 잘 나오더라도, 광고주들이 광고를 맡기려고 하지 않습니다. 그 외에도 온라인 커뮤니티에 올라온 유머 이미지를 모아 영상으로 만드는 오락 채널이나, 단순 해외 토픽을 다루는 채널도 구글 광고 수익에 의존할 수밖에 없는 채널입니다.

둘째로 구독자 타깃이 명확하지 않은 채널입니다. 쉬운 설명을 위해 당신이 캠핑 용품을 판매하는 사람이라고 가정해 봅시다. A 채널은 유머/연예 영상으로 구독자 1만 명을 만들었고, B 채널은 캠핑 브이로그로 1만 구독자를 모은 채널입니다. 그렇다면 당신은 어떤 채널에 광고를 맡길 건가요? 더 물어볼 것도 없이 B 채널일 것입니다. 왜냐하면 '캠핑'이라는 공통 관심사로 모여 있기 때문이죠. 이렇게 동일한 구독자 수를 보유하고 있다고 하더라도, 내 채널에 뾰족한 타깃이 모여 있으면 광고주의 선택을 받을 확률이 높고, 반대로 확실한 타깃층이 없다면 광고주의 선호도가 떨어집니다. 이 내용을 응용하면 연예/오락/가십을 다루는 채널은 뾰족한 타깃층이 존재하기보다 '전 국민'을 타깃으로 하므로, 광고주로부터 직접 광고를 받기 어렵습니다. 그러니 조회 수에 의존할 수밖에 없는 것이죠.

구글 광고 수익 즉 조회 수에 의존해야만 하는 채널이 아니라면, 유튜브에서 크리에이터의 수익 다각화를 위해 제공하는 채널 멤버십, 슈퍼챗/슈퍼 스티커와 같은 서비스를 적극 활용할 수 있습니다.

채널 멤버십은 일종의 유료 구독 서비스입니다. 시청자를 대상으로 5단계까지 등급을 나눌 수 있는데, 최소 990원에서 최대

60,000원의 정기 구독료를 받을 수 있습니다. 보통 크리에이터는 유료 멤버십에 가입한 사람들에게 혜택을 주는 방식으로 회원을 유치하는데, 무삭제 풀버전 영상을 보여주거나, 멤버십 회원 전용 영상을 따로 업로드하기도 합니다. 이러한 특성으로 채널 멤버십은 교육 채널에서 주로 활용하는데, 기본 강의는 무료로 오픈하되, 심화 학습을 필요로 하면 멤버십 가입을 유도합니다.

한편, 유튜브 '진용진' 채널에서는 웹툰처럼 미리보기 형식으로 멤버십 채널을 운영합니다. 다음 주 업로드 될 영상을 미리 올려둔 다음, 멤버십에 가입한 사람만 해당 영상을 볼 수 있게 하는 방식이죠. 또 '과학쿠키' 채널에서는 멤버 등급에 따라 영상 제작 비하인드 신을 보여주기도 하고, 가장 높은 등급의 멤버십에 가입하면, 월 1회 채널 운영자인 과학쿠키와 함께하는 웹 스트리밍을 진행하며, 과학 관련 질의응답을 나누는 시간을 마련하기도 합니다.

단, 멤버십 기능을 모든 크리에이터가 이용할 수 있는 건 아닙니다. 무료 채널 구독자 수가 3만 명 이상이어야 채널 멤버십을 만들 수 있으며, 유료인 만큼 나이도 만 18세 이상으로 제한해 두었습니다.

슈퍼챗/슈퍼 스티커 서비스는, 실시간 방송 중 시청자가 기부할 수 있도록 만든 기능으로 아프리카TV의 별풍선과 유사합니다. 우리나라는 슈퍼챗이 활성화되어있는데, 전 세계 유튜브 데이터 집계 사이트 '플레이보드' 데이터에 의하면, 2021년 우리나라 슈퍼챗 수익 순위 1위는 술 먹방 콘텐츠를 운영하는 '김해꼬마TV' 채널입니다. 놀라운 점은 해당 채널의 구독자 수는 2022년 9월 기준으로 2만 8천 명 남짓이라는 사실입니다. 라이브 방송을 통해 충성도 높은 팬을 늘렸고, 소위 말하는 '큰 손'의 후원으로 슈퍼챗 수익이 높아진 것으로 추정됩니다.

유튜브는 콘텐츠로도 수익을 낼 수 있습니다. 이는 구글에서 주는 광고를 받는 것이 아닌, 내가 직접 광고주로부터 광고를 의뢰 받는 방식입니다. 먹방 유튜버가 광고비를 받고 해당 브랜드의 치킨을 시켜 먹는다거나, 뷰티 유튜버가 화장을 하면서 특정 화장품 브랜드 제품을 사용하는 대가로 광고비를 받는 것이 모두 여기에 속합니다. 그 방식에 따라 브랜디드 콘텐츠와 PPL로 나뉩니다. 이러한 콘텐츠 수익은 내가 뷰티/경제/게임 등 어떤 카테고리에 있는지, 그리고 내 유튜브 채널의 평균 조회 수와 구독자 수가 얼마 정도 되는지에 따라 달라집니다.

저의 경우 구독자 수가 1만 명일 때부터 광고 의뢰가 오기 시작했는데, 정확한 광고 수익금을 밝힐 수는 없지만, 한 번 광고를 진행할 때 중소기업 신입 월급 정도의 수익이 들어옵니다.

광고 수요가 많은 뷰티 인플루언서의 경우에는 구독자가 몇천 명만 돼도 각종 협찬과 광고 의뢰가 들어오고, 구독자 1만 명만 돼도 광고비가 100~200만 원이 넘어가는 채널도 많습니다. 또 소액이지만 협찬·광고 문의가 오기도 합니다.

앞서 말했듯 콘텐츠 광고 수익 유형은 브랜디드 콘텐츠와 PPL로 나뉩니다. 언뜻 보면 비슷한 듯하지만 엄연한 차이가 있습니다. 브랜디드 콘텐츠는 크리에이터가 영상에서 직접 제품을 언급 또는 사용함으로써 광고를 합니다. 이로써 PPL보다 노골적으로 광고가 이뤄집니다. 가령 가을옷 코디를 보여주며 "○○ 쇼핑몰의 광고를 의뢰 받아 진행했는데, 예쁜 옷 많으니 꼭 들어가서 구경해보세요!" 하는 식입니다. PPL은 아시다시피 영상 중간에 특정 제품 또는 서비스를 노출시켜 간접 홍보를 하는 것입니다. 보통은 직접적인 언급 없이 영상 속에 제품을 배치해둡니다.

마지막으로 유튜브를 나의 비즈니스와 연계해 수익을 낼 수 있습니다. 크게 강의, 퍼스널 브랜딩, 커머스와 연결할 수 있습니다.

강의와 유튜브를 연결함으로써 수익을 내는 대표적인 채널은 '김미경TV', '트렌드헌터'입니다. 무료로 자기 계발, 비즈니스 등의 콘텐츠를 업로드하면서, 교육 플랫폼으로 사람들을 유입시켜 강의를 판매합니다. 저 또한 옆집 CEO 유튜브 채널을 통해 '멱살 잡고 끌어주는 2주 완성 스마트스토어' 강의를 런칭했고, 기수 모집 때 1초 만에 강의 신청이 마감될 정도로 인기가 높았습니다.

두 번째로 개인 브랜드와도 연계하여 수익을 끌어낼 수 있습니다. 의사, 약사, 변호사, 세무사, 노무사, 디자이너, 마케터 등 전문직 종사자라면 유튜브는 필수입니다. 왜냐하면 유튜브 채널로 본인을 브랜딩해 수익을 높일 수 있어서입니다. 참고로 이런 전문 채널은 구독자 수가 많지 않아도, 쉽게 수익화가 가능합니다. 지인 중에 비즈니스 컨설팅을 하는 분이 있는데, 그는 구독자 수 1,000명이 되지 않은 시점에서부터 컨설팅 의뢰가 들어와, 수백만 원짜리 컨설팅을 판매 중입니다. 또 다른 분은 소자본 공방 창업과 관련 유튜브를 운영하고 있는데, 구독자가 200~300명밖에 되지 않지만, 500만 원짜리 컨설팅을 한 달에 2~3명씩 해주며, 짭짤한 소득을 얻고 있습니다. 이처럼 전문성을 가진 채널은 적은 구독자만으로도 고가의 서비스를 판매할 수 있어서, 구독자 수에 연연하지 않아도 일찍이 수익화를 할 수 있습니다. 나만의 전문성이 있는 분이라면, 유튜브를 통해 퍼스널 브랜딩을 할 것을 추천합니다.

끝으로 물품을 판매하는 방식, 즉 커머스를 통해 수익을 창출하는 채널도 있습니다. 그 예로 '꾀람쥐'와 '다이언니' 채널을 들 수 있습니다. 먼저 꾀람쥐는 살림 관련 노하우를 전하는 콘텐츠를 발행하고 있습니다. 이에 꾀람쥐에는 살림에 관심 많은 구독자를 타겟팅 하여 '음식물이 끼지 않는 꾀람쥐 배수구망' 제품을 출시해 판매했습니다. 기존의 배수구망 아이템에 '음식물이 끼지 않는다.'는 차이점을 추가하여 판매한 것인데, 누적 리뷰 수만 3만 개가 넘습니다. 더욱이 배수구망 하나에 13,900원, 거기에 뚜껑까지 함께 구매하면 3만 원 가까운 금액이지만, 품절이 돼서 못 팔 정도였습니다. 다이언니는 '명품 브랜드 웨딩링 Top 10', '커플링 잘 사는 방법' 등 주얼리 관련 콘텐츠를 다루고 있습니다. 이 채널에서는 주얼리 공동구매가 자주 열리는데, 몇백만 원짜리 다이아 목걸이가 품절되기도 하고, 리뷰만 3,200개가 넘게 달린 상품이 있을 정도로 인기가 높습니다.

이런 실물 재화를 판매하는 데 관심이 없다면, 온라인 문서를 만들어 판매해 수익화하는 방법도 있습니다. 실제로 유튜브에 '아이패드 다이어리' 키워드를 검색하면, 많은 유튜버가 아이패드를 활용해 다이어리를 사용하고 있음을 알 수 있는데, 그들 중 아이패드 다이어리 템플릿을 만들어 판매함으로써, 수백~수천만 원의 수익을 얻는 경우도 심심치 않게 만날 수 있습니다.

💬 옆집 CEO의 한마디

유튜브를 빠르게 성장시키고 싶다면, 조회 수가 높은 영상을 벤치마킹 하세요!

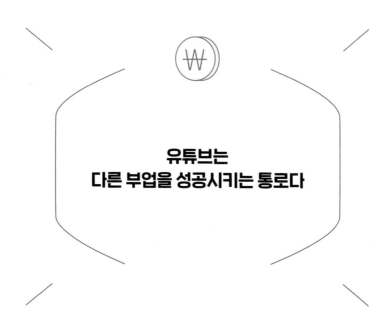

유튜브는
다른 부업을 성공시키는 통로다

　직장인에게 가장 추천하는 부업이 무엇이냐고 묻는다면, 저는 유튜브를 고를 것입니다. 물론 유튜브는 '영상'이라는 특성상 인스타그램이나 블로그 만큼 쉽게 시작할 수 없지만, 이러한 진입 장벽으로 인해 경쟁률이 높지 않은 영역이기도 합니다.

　또한 유튜브는 시간과 장소에 구애받지 않으며, 블로그와 비교했을 때, 성공 시 돌아오는 수입이 몇 배는 더 큽니다. 무엇보다 유튜브 하나만 성공시켜도 스마트스토어, 블로그와 같은 다른 부업을 성공시키는 것은 식은 죽 먹기입니다.

개인적인 의견을 덧붙인다면, 유튜브는 완벽주의 성향이 있는 분에게 추천하고 싶은 부업이기도 합니다. 왜냐하면 몇 번씩 강조했듯이, 유튜브는 한 개를 올리더라도, 제대로 올리는 사람이 성공하는 특징이 있어서입니다. 제 경험상 대부분의 부업은 하나를 완벽하게 수행하려 할 때보다, 높은 실행력으로 많은 일을 해내는 사람이 목표를 달성하는 경우가 많았습니다. 다시 말해, 완벽주의 성향이 강한 사람은 성공시키기 어려웠습니다.

반면 유튜브만큼은 무조건적인 인풋 투입이 그다지 효과를 발휘하지 못합니다. 1일 1 영상 같은 챌린지를 아무리 열심히 한들 알고리즘의 선택으로부터 멀어질 뿐입니다. 오히려 한 영상을 2주 동안 공들여서 퀄리티 높게 올리는 것이 빠른 성과를 내며, 이 지점이 완벽주의자를 빠른 성장으로 이끌어줍니다.

💬 **옆집 CEO의 한마디**

만일 당신이 완벽주의자라면, 유튜브를 하세요!

유튜브가 더 궁금하다면

Q 유튜브의 틈새시장을 노리라는 말이 맞나요?

A 틈새시장을 노리라는 말은 반은 맞고, 반은 틀린 말입니다. 예를 들어 내가 음식을 주제로 유튜브를 시작한다고 해봅시다. 음식이라는 주제 자체는 온 국민이 흥미를 가진, 수요가 굉장한 콘텐츠입니다. 하지만 기존 유튜버들과 차별점 없이 똑같은 방식으로 먹방을 진행한다면, 잘못된 접근입니다.

유튜브를 할 때는 주제는 대중적이되, 전개 방식은 유니크하게 접근해야 합니다. 앞서 예시로 든 유튜버 '과나'처럼 노래 형식으로 음식 레시피를 알려준다거나, 떡볶이만 전문적으로 리뷰하는 '떡볶퀸'처럼 나만의 유니크함을 한 스푼 더해서 시작하는 것이 좋습니다.

Q 콘텐츠 아이디어가 없는데 어떻게 해야 할까요?

'눅스 인플루언서'에서 본인이 시작하려는 카테고리의 유튜버들이 누구인지 찾아보고, 그 유튜버를 모두 구독하세요. 그리고 각 채널의 조회 수가 잘 나온 영상의 섬네일과 제목을 모두 엑셀에 옮겨 적습니다. 이렇게 여러 유튜버의 콘텐츠만 리스트 업해도 1년 치 콘텐츠 소재가 나옵니다. 또 다른 방법은 책을 활용하는 것입니다. 내가 운동/다이어트 관련 유튜브를 한다면, 다이어트 관련 서적의 목차를 살펴보고 대본을 준비하면 됩니다.

Q 영상 편집 툴은 어떻게 공부하나요?

저는 직장인일 때, 회사에서 프리미어를 이용한 영상 편집 기술을 원데이 강의로 열어준 적이 있어서, 기본적인 편집 방법은 알고 있었습니다. 참고로 옆집 CEO 채널에 사용한 영상 편집 기술은 3시간이면 배울 수 있을 정도로 간단합니다. 그러니 유튜브에 올라와 있는 무료 콘텐츠를 활용해 공부하거나 '크몽', '탈잉' 등 재능 공유 플랫폼에서 원데이 과외를 받는 것도 하나의 방법입니다.

Q 어떤 촬영 장비를 사용해야 하나요?

저는 아이폰13pro 카메라 혹은 갤럭시 노트9 카메라를 이용해 촬영합니다. 마이크는 쿠팡에서 구매한 2만 원짜리 마이크를 씁니다. 즉, 촬영 장비는 그다지 중요하지 않으니 크게 신경 쓸 필요없다는 뜻입니다.

영상 길이는 몇 분이 적당한가요?

구독자 수 10만 명을 넘기 전까지는 너무 길지 않게 만드는 것이 유리합니다. 왜냐하면 유튜브에서 가장 중요한 것이 시청 지속률인데, 10분짜리 영상을 5분 동안 본다면 시청 지속률이 50%지만, 5분짜리 영상을 5분 동안 보면 시청 지속률이 100%가 됩니다. 한마디로 유저가 끝까지 볼 수 있는 길이의 영상을 올리라는 것입니다. 참고로 제 유튜브 채널 영상 중 10만 조회 수 이상을 기록한 영상은 모두 10분 이하의 영상입니다.

업로드 주기는 어느 정도가 좋나요?

많은 유튜버가 휴식기를 가진 후 두려워하는 상황은 구독자가 줄어들거나, 더 이상 알고리즘의 선택을 받지 못하는 것입니다. 하지만 우리의 생각과 달리 유튜브는 크리에이터에게 휴식을 강조합니다. 유튜브에서 직접 운영하는 공식채널인 'Youtube Cteator' 채널을 보면, 크리에이터의 일과 삶의 균형에 대한 재생 목록을 만들어 공지했을 정도로 적정한 휴식기를 가지며 운영할 것을 권장합니다. 실제 유튜브 자체 분석에 의하면, 8일~60일 정도 업로드를 중단한 4만 개 채널을 분석한 결과, 25% 이상의 채널이 오히려 50% 이상의 시청 증가 수를 기록했습니다.

제가 운영하는 옆집 CEO 채널도 업로드 주기가 긴 편으로 짧게는 2주에 1개, 길게는 4주에 1개의 영상을 올립니다. 또한 '이 정도 퀄리티라면 조회 수가 잘 나오겠다.'라는 생각이 들면, 업로드 주기에 상관없이 조회 수가 잘 나오는 편입니다.

다시 말해, 업로드 주기보다 영상의 퀄리티가 훨씬 더 중요합니다. 그럼에도 불구하고 대략적인 업로드 주기에 신경이 쓰인다면, 초반에는 2~3주에 한 개를 목표로 삼는 것을 권합니다.

맞구독 또는 품앗이가 효과 있을까요?
무분별한 맞구독과 품앗이는 내 채널 성향과 맞지 않는 구독자 수를 모을 수 있어서 하지 않는 것이 좋습니다. 특히 초기 구독자의 시청 정보를 기반으로 알고리즘이 인식하는데, 무분별한 맞구독은 나의 채널 성향을 판단하기 어렵게 하므로, 채널 성장에 방해가 될 수 있습니다.

말주변이 없는 편인데 유튜브를 할 수 있을까요?
당연히 가능합니다. 유튜브는 실시간 방송이 아니므로 편집으로 누구든 말을 잘하는 것처럼 만들 수 있습니다. 저도 원본 영상에서는 말을 더듬거나 이야기가 자연스럽게 이어지지 않을 때도 있지만, 컷 편집으로 잘하는 것처럼 보이게 만듭니다. 추가로 유창하게 말하려면 대본은 필수입니다. 저는 유튜브 영상을 만들 때, 전체 시간 중 50% 이상을 대본 작성에 할애합니다. 그만큼 대본 작성이 중요하니, 꼭 대본을 만드시길 바랍니다.

대본 잘 쓰는 노하우가 있나요?
잘 쓴 콘텐츠를 모방하면 됩니다. 저는 필사를 해서라도, 그 콘텐츠의 문장 구조와 전개 방식을 내 것으로 만들라고 말씀드리고 싶습니다.

유튜브 조회 수당 수입이 궁금합니다.
많은 분이 궁금해하는 부분이지요. 결론부터 이야기하자면, 같은 길이의 영상이라도 조회 수에 따른 수익은 다릅니다.

우선 남성 구독자보다 여성 구독자 수가 많은 채널이 조회 수당 수익이 더 높습니다. 왜냐하면 여성이 남성보다 광고를 보고 물건을 구매할 확률이 높기 때문입니다. 또 선진국 국민이 개발도상국 국민보다 구매력이 높으니, 시청자 국가 분포에 따라서도 수익이 달라집니다. 특히 영상에 폭력, 민감한 이슈, 총기 관련 콘텐츠, 욕설 등이 포함되어 있을 경우, 유튜브에서 주는 경고의 의미인 광고 제한 또는 배제(흔히 말하는 '노딱' 콘텐츠)로 분류돼 광고 수익 창출 자체가 불가능해질 수도 있습니다. 한 영상에 몇 개의 광고가 들어가는지에 따라서도 수익은 달라집니다. 영상 길이가 10분 미만이면 광고 1개가 붙지만, 10분이 넘어갈 경우 채널 운영자가 여러 개의 광고를 삽입할 수 있어서, 광고 수익이 자연스럽게 높아집니다.

이러한 변수들을 모두 무시한다면, 유튜브의 평균 조회 수당 수익은 1~4원입니다. 참고로 제가 운영하는 옆집 CEO 채널은 2022년 8월 기준 RPM(Revenue Per Mille, 조회 수 1,000회당 수익)이 3.53$로, 조회 수 1회당 4.8원의 수익이 납니다.

만일 벤치마킹하고 싶은 채널의 한 달 조회 수 수익이 궁금하다면, 눅스 인플루언서 사이트에서 채널명을 입력하면 해당 유튜브 채널의 한 달 예상 수익을 확인할 수 있습니다.

유튜브 도전 시 참고할만한 사이트가 있나요?
①유튜브 컬쳐&트렌드 리포트(https://trendsreport.withyoutube.com)
유튜브에서 공식적으로 발표하는 트렌드 리포트 사이트입니다. 유튜브에서 직접 발표한 데이터가 포함되어 있어서 가장 신

뢰할 수 있습니다.

②유튜브 코리아 공식 블로그(https://youtube-kr.googleblog.com)

유튜브 컬쳐&트렌드 리포트가 1년에 한 번씩 업데이트한다면, 블로그에는 매월 수시로 최신 트렌드와 동향에 대한 업데이트가 이루어집니다. 혹 영어가 능숙하다면, 유튜브 코리아 블로그가 아닌, 유튜브 오피셜 블로그(https://blog.youtube)를 이용하면 더 많은 정보를 만날 수 있습니다.

③눅스 인플루언서(https://kr.noxinfluencer.com)

유튜브 데이터 분석 및 통계 서비스를 제공하는 사이트로, 유튜브 채널 수입, 인기 유튜버 순위, 실시간 구독자 등의 정보를 제공합니다. 유튜브뿐만 아니라 틱톡, 인스타그램 데이터 분석 서비스도 준비되어 있습니다.

④노아(https://knoah.ai)

유튜버 신사임당이 만든 유튜브 키워드/채널 분석 사이트로, 내가 올릴 영상과 관련된 키워드를 입력하면, 그 키워드에서 조회 수가 잘 나온 영상, 구독자 수 상승에 기여한 영상 등을 확인할 수 있습니다.

⑤유하(https://www.youha.info/home)

광고주와 크리에이터를 연결해주는 사이트입니다. 광고 단가별 유튜버 순위, 광고 조회 수가 높은 유튜버 순위 등의 정보를 제공합니다.

⑥블링(https://vling.net)

광고주와 크리에이터를 위한 유튜브 데이터를 제공합니다. 구독자 수, 평균 영상 조회 수, 30일 조회 수 등에 따른 다양한 유튜브 순위를 보여줍니다.

⑦소셜러스(https://socialerus.com)

유튜브 채널을 사고팔 수 있는 사이트이며, 유튜브 시장의 분위기를 파악하기에 좋습니다.

6장

나에게 맞는 N잡 찾기 3

_블로그

블로그는
꿩 먹고 알 먹는 부업이다

블로그는 가장 쉽게 접근할 수 있는 부업이 아닐까 합니다. 시간을 투자하는 것 외에는 잃을 것이 없고, 실패 시 리스크가 제로에 가까우며, 시·공간 제약도 없으므로, 블로그를 첫 번째 부업으로 시작하는 것도 좋은 방법입니다.

저는 직장에 다니면서 블로그를 운영해 월 20~30만 원 정도 소소한 부수입을 얻은 경험이 있습니다. 사실 처음부터 수익화를 하겠다는 생각으로 블로그를 시작한 것은 아니었습니다. 단순히 제가 읽은 책을 기록해두려는 목적으로 운영하던 북리뷰 블로그였습니다. 즉, 공부하는 블로그의 성향이 강했지요. 또 저는 저와 같은 책을 읽은 분들과 책에 대한 이야기를 나누고 싶어서, 같은 책을 읽은 분들의 블로그를 돌아다니면서 댓글을 남기고, 서로 이웃 신청을 했습니다. 그런데 이런 방식으로 블로그를 운영하다 보니, 자연스럽게 블로그 이웃이 늘어났고, 제가 북 리뷰 포스팅을 하면, 이웃 블로거들이 제 블로그에 찾아와 댓글을 남겨주곤 했습니다. 방문자 수는 많아야 1일 500명 정도로 많지는 않았지만, 책이나 자기 계발 관련 포스팅을 하면 제 글을 검색했을 때 1페이지에 노출됐고, 제 블로그는 자연스럽게 소위 말하는 '최적화 블로그'가 됐습니다. 사실 그때는 최적화 블로그에 대한 개념도 모를 정도로 무지했는데, 얼떨결에 최적화 블로그의 결과물을 만들었습니다.

이렇게 블로그를 운영하던 어느 날, 제안 쪽지가 왔습니다. 책을 무료로 줄 테니 리뷰를 해달라는 것이었습니다. 그 쪽지를 받은 것을 기점으로, 블로그를 이용한 수익화가 시작됐고, 출판사, 맛집, 독서실 등에서 협찬과 원고료를 받으며, 블로그를 운영했습니다. 책을 무료로 제공해주겠다는 쪽지는 일주일에도 여러 번 받았고, 포스팅 한 번에 1~4만 원의 원고료를 받았습니다. 월 20~30만 원의 부수입이 비록 작게 느껴질 수도 있지만, 당시 저는 배우면서 돈을 벌 수 있다는 사실이 기뻤습니다. 책을 읽고

리뷰를 작성하는 것은 분명 나에게 도움이 되는 일인데, 용돈벌이까지 할 수 있다니 안 할 이유가 없었죠.

하지만 즐거움도 잠시, 제 블로그는 나락으로 떨어지고 맙니다. 블로그 생태계에 대한 이해 없이 블로그를 시작한 저는 아무생각 없이 들어오는 모든 광고를 받았는데, 그것이 화근이었죠. 마케팅 업체에서 전달해주는 원고를 내 블로그에 복붙해서 올리기만 하면 3만 원을 준다는 제안을 받고, '이게 웬 떡이냐!' 하고 복붙 포스팅을 했습니다. 그런데 대략 2주 동안 매일 광고글을 올리니, 어느 순간 네이버에서 '이 계정은 광고만 올리는 계정이군. 이제 노출이 안 되게 막아야겠어.' 하고, 제 블로그 글을 검색 결과에서 보여주지 않기 시작한 것입니다. 이렇게 한순간에 제 블로그는 소위 말하는 '저품질 블로그'가 됐고, 수익화 시절이 끝났습니다.

제가 블로그로 수익화를 하는 데 실패한 원인이 무엇이었을까요? 제가 앞서 부업을 시작할 때, 플랫폼 알고리즘의 이해 없이 시작하면 안 된다고 말씀드린 것을 기억하나요? 만약 제가 그때 블로그 알고리즘을 공부하고, 수익화를 시작했다면, 저는 지금쯤이면 도서 블로거로 활동하면서, 출판사에서 원고료를 받는 등 짭짤한 수익을 만들어낼 수 있었을 것입니다. 하지만

'제공하는 원고를 그대로 복붙해서 올리면 안 된다.'는 블로그 알고리즘의 기본 중의 기본조차 몰랐기 때문에 이런 실패를 맛본 것이죠. 이 글을 읽는 당신은 이 점을 기억해서 부디 저와 같은 실수를 하지 않길 바랍니다.

한마디 덧붙이자면, 이 책을 선택했다면 N잡 또는 경제적 자유, 부수입 만들기, 사업 등에 관심이 많은 분일 것입니다. 그렇다면 이제부터 당신이 공부한 N잡, 경제적 자유에 대한 내용을 블로그에 틈틈이 기록해나가는 것에서부터 블로그 부업을 시작해보는 건 어떨까요? 그에 더해 경제적 자유, 투잡, N잡, 부수입 만들기 등의 키워드로 포스팅해둔 블로그에 들어가 댓글을 남기고, 서로 이웃 추가를 하면서 팬을 만들어보세요. 이와 같은 방식으로 한 분야에서 영향력을 갖게 된다면, 수익화 방법은 반드시 찾아오게 되어 있습니다.

💬 옆집 CEO의 한마디

블로그는 공부하면서 돈을 벌 수 있는 최적의 부업입니다!

블로그 부업,
하지 않을 이유가 없다

부업으로서의 블로그는 수많은 장점이 있습니다. 그 가운데 최대 강점은 글쓰기 연습을 할 수 있다는 것입니다. 사실 글쓰기는 어떤 분야의 부업을 하든, 필요한 영역입니다. 모든 판매는 글에서부터 출발하니까요.

스마트스토어를 하더라도 고객의 마음을 사로잡는 카피가 필요한데, 이런 능력은 하루아침에 길러지는 것이 아닙니다. 운동에 비교하자면 기초체력 영역에 가까우므로, 미리미리 글쓰기 능력을 길러두는 것이 좋은데, 블로그를 운영하다 보면 자연스럽게 글쓰기 연습을 할 수 있죠.

둘째, 블로그를 운영하면 마케팅이 쉬워진다는 점입니다. 보통 초보 사업가들이 막막하게 생각하는 부분이 마케팅인데, 블로그 마케팅을 익혀둔다면, 다른 부업을 시도하더라도, 그것을 성공시키기 수월해집니다. 특히 네이버 블로그를 익혀두면 유리한데, 네이버가 우리나라 인터넷 검색 엔진 시장 점유율 60% 이상을 차지하고 있는 덕분입니다.

셋째, 블로그는 즐기면서 할 수 있습니다. 저는 어떤 부업을 지속하는 데 있어서 자발성이 중요한 요인이라고 생각하는데, 많은 사람이 나의 일상이나, 공부한 내용을 기록하는 것을 좋아합니다. 그러니 적성에 맞는다면, 블로그에 콘텐츠를 만드는 일은 즐거움을 동반하는 작업이라고 할 수 있습니다.

이외에도 사업자를 내지 않고 시작할 수 있다는 점, 블로그 강사 간의 치열한 경쟁으로 이미 고퀄리티 자료가 많다는 점 등이 블로그 부업의 장점입니다.

 **옆집 CEO의 한마디**

블로그 운영은 '글쓰기'라는 무기를 갖게 해줍니다!

나의 선택에 따라
소득의 한계가 정해진다

　많은 분이 블로그 수익을 체험단 수익과 애드포스트 수익만 있다고 생각합니다. 그런데 애드포스트, 구글 애즈 수익을 목표로 하면, 한 해에도 여러 차례 변하는 검색 엔진에 대한 이해가 수시로 필요하고, 이렇게 공을 들여 배운 것에 비해 성과는 적습니다. 물론 애드포스트 수입으로 몇백~몇천만 원 수준의 부수입을 얻는 분도 있지만, 이는 극히 드문 사례라는 점을 감안하면, 애드포스트로 수익을 내는 것은 매우 어려운 영역입니다.

　예를 들어 스마트스토어, 쿠팡 등의 플랫폼에서 활동하는 온라인 셀러 가운데 월 300만 원 이상 버는 사람은 조금만 찾아봐도 정말 많습니다. 카카오톡 검색 창에 '스마트스토어'를 검색해서 관련 오픈톡방에 입장한 다음, "스마트스토어로 월 300만 원 버는 분 있나요?"라고 질문하면, 대답하는 사람이 많을 것입니다. 사실 유튜브에서 "스마트스토어로 월 1,000만 원 벌었다."는 이야기는 이제 너무 진부해서 클릭하는 사람이 없을 정도고, 고수 중에는 월 억대 수익을 내는 사람도 많지요. 스마트스토어뿐만 아니라 유튜브도 마찬가지입니다. 채널 성향에 따라 다르지만, 구독자 수가 1만 명만 넘어가도, 브랜드 광고료로 월 100~500만 원 수준의 부수입을 얻을 수 있습니다. 구독자가 10만 명이 넘어가면 보통 월 1,000만 원 이상의 수익이 생기죠.

지금 저는 "스마트스토어나 유튜브로 월 1,000만 원은 벌기 쉽다."고 얘기하는 것이 아닙니다. 단지, 스마트스토어와 유튜브를 성공시키는 사람이 많고, 또 성공시켰을 때, 그 결실 또한 큰 분야라는 것입니다. 그렇다면 애드포스트, 애드센스 수익은 어떨까요? 관련 강사로 활동하고 있는 사람들의 수입 인증을 보면 몇백~몇천만 원 정도 사이에 그치는 수준입니다. 심지어 애드센스 수익 세계 1위는 지식 공유 사이트 '위키하우'를 운영하는 Jack Herrick인데, 2004년에 개설한 사이트를 지금까지 이어와 한 달에 350,000달러(약 4억 1,352만 원)의 수익을 얻고 있습니다. 이 정도면 큰 수익 아니냐고 반문할 수도 있습니다. 하지만 유튜브 세계 1위, 온라인 셀러 세계 1위와 비교하면, 비교가 안될 정도로 낮은 수치입니다. 한마디로 애드포스트, 애드센스로 월급 이상 버는 것이 불가능한 일은 아니지만, 같은 노력을 스마트스토어나 유튜브에 투입했을 때에 비해 벌어들이는 수입은 현저히 적습니다. 자칫 잘못하면 디지털 노마드가 아닌 디지털 노가다꾼이 되기 십상이죠. 즉, 당신이 어떤 방식으로 수익화를 할 것인지를 정하는 순간부터 당신이 부업으로 벌 수 있는 소득의 한계치가 결정됩니다.

제가 유튜브를 운영하며 여러 초보자와 이야기하며 느낀 점은, 사람들이 논리적으로 생각했을 때 큰 수익을 벌 수 있을 것이라 예상되는 분야에 도전하려 하기보다, 당장 쉬워 보이는 것에 도전하려는 경우가 많다는 사실입니다. 같은 원리로 애드포스트와 애드센스 수익에 의존하려는 것은, 그것이 이성적으로 생각했을 때 돈을 많이 벌어다 줄 부업이어서가 아니라, 가장 쉽고, 큰 노력을 하지 않아도 되는 수익화 방법이기 때문이 아닐까 합니다. 저 또한 팔랑귀 시절을 겪었기에, 당신만큼은 과거의 저와 같은 실수를 하지 말고, 장기적인 관점으로 본인이 만족할만한 수익을 벌 수 있는 부업을 찾기를 바랍니다.

💬 옆집 CEO의 한마디

**블로그의 최대 단점은
노력 대비 성과가 낮다는 부분이니,
여유를 갖고 운영하세요!**

블로그로 어떻게
경제적 자유를 누리는가

앞의 이야기까지 읽었다면, 블로그 부업을 하라는 건지, 말라는 건지 의문이 생길 것입니다. 그래서 몇십 원짜리 광고 클릭 수익에 의지하지 않고, 블로그로 월급 이상의 수익을 만드는 방법을 준비했습니다.

첫째, 중개비즈니스를 합니다. 이는 단기간에 수익을 만드는 방법으로, 1일 방문자 수 300명인 블로그에서도 몇천만 원의 수익을 내는 것이 가능합니다. 옆집 CEO 유튜브 채널에 출연한 정준호 대표의 사례를 예로 들어보겠습니다. 유튜브 '주노정' 채널을 운영 중인 정준호 대표는 연극배우로 시작해 가수, 목수, PT숍 트레이너 겸 마케터, 인테리어 디자인 업체 운영, 공동구매, 지식 서비스 판매 등 다양한 부업을 하고 있는 기업가입니다. 이렇게 여러 부업을 하고 있는 사실만으로도, 어떤 일이든 성과를 만들어내는 데 탁월한 실력을 가졌음을 알 수 있었습니다. 특히 단기간에 수익화를 해내는 능력자였는데, 그가 블로그 수익화에 적용한 방식이 중개비즈니스였습니다.

정 대표는 과거 목수로 활동했던 경험을 살려, 인테리어 관련 블로그를 운영했는데, 인테리어 관련 포스팅을 마구잡이로 한 것이 아니라, 시공 전후 사진을 올리거나, PT숍, 미용실 등 상가 타입별 인테리어 사례, '광진구 필라테스 인테리어'처럼 실수요자가 궁금해할 만한 키워드를 위주로 글을 작성했습니다. 참고로 별도의 강의나 컨설팅을 듣지 않고, 유튜브와 구글 검색으로 독학을 했다고 합니다. 이와 같은 방식으로 블로그를 운영하다 보니, 자연스럽게 인테리어 시공이 필요한 사람들로부터 쪽지나 댓글로 인테리어 업체를 소개해달라는 연락을 받았고, 처음에는 기존에 알고 지내던 믿을 수 있는 인테리어 업체를 무료로 연결해주다가, 나중에는 중개 수수료를 1~5% 정도 받고, 인테리어 업체를 소개해주기 시작했다고 합니다. 부동산 중개인이 중개를 하듯 인테리어 중개를 한 것이지요.

인테리어는 시공에 들어가는 비용이 커서, 한 건만 중개해도 받을 수 있는 수수료가 높습니다. 가령 2,000만 원짜리 인테리어 공사에서 5% 중개 수수료를 받는다면, 100만 원입니다. 재미있는 것은 정 대표가 운영하는 블로그는 1일 방문자 수가 200~300명대로 아주 작은 블로그였음에도 불구하고, 월 수백만 원의 부수입을 만들어내기까지 약 1~2개월밖에 걸리지 않았다는 사실입니다.

이처럼 상품의 중개자 역할을 하면서 돈을 버는 것은 블로그로 단기간 내에 성과를 내는 방법 중 하나입니다. 인테리어 외에도 법률, 가구, 비즈니스 컨설팅 등 고액 상품을 다루는 카테고리로도 도전 가능합니다.

둘째, 블로그 대행을 합니다. 압도적으로 빠른 성과를 내기 위해서는 남들과는 전혀 다른 전략을 동원해야 하는데, 블로그 영역에서는 블로그 대행사를 차리는 것도 좋은 수단입니다. '나는 마케터도 아닌데, 뜬금없이 블로그 대행사가 웬 말이냐?'라고 생각할 수 있지만, 실제 마케팅 대행사 현업에 종사하는 분 중에 개인 블로그 운영에서 시작해 블로그 마케팅 대행사까지 차린 경우가 심심치 않게 많습니다. 제 유튜브 채널에도 출연한 '다트 체인저'도 그중 한 명입니다.

다트체인저는 10년간 운동선수로 활동하다가 부상으로 활동을 그만두고, 23살의 어린 나이에 블로그를 독학으로 배워서 한 달 만에 월 130만 원의 수익을 낸 이력을 갖고 있습니다. 그가 이렇게 빠르게 성과를 낼 수 있었던 것도, 대행사 형태로 블로그에 접근한 덕분입니다.

'대행사는 나와는 상관없는 영역인 것 같은데…….'라는 생각이 들지 모르겠지만, 블로그 마케팅 대행사는 마케터 출신만 가능한 것이 아닙니다. 만일 블로그 마케팅 대행사에 관심이 생긴다면, 당신이 시도할 수 있는 방법은 아래와 같습니다.

블로그 마케팅 대행사 운영을 위한 3단계 >>>

① 네이버 블로그에서 내 글을 상위 노출하는 방법을 공부한다.
② 무료로 블로그 마케팅 대행을 제안해본다.
③ 성과를 바탕으로 포트폴리오를 만들어 마케팅 대행사를 차린다.

각 단계별로 설명을 덧붙이자면, 우선 '네이버 블로그에서 내 글을 상위 노출 하는 방법'은 손쉽게 알 수 있습니다. 이미 온라인상에 풀어놓은 무수한 무료 정보만으로도 블로그 알고리즘을 마스터 할 수 있으니까요. 더욱이 블로그는 현존하는 온라인을 바탕으로 하는 부업 중 가장 오래됐습니다. 2000년대부터 블로

그 강사들이 생겨났고, 강사들 간의 경쟁이 치열해지면서 블로그와 유튜브에 무료 정보를 제공하고 있습니다. 그것도 고퀄리티로 말이죠. 저도 아래에 짧게나마 블로그 상위 노출에 대한 방법을 알려드리겠지만, 심화 학습이 필요한 영역이니 블로그나 유튜브를 활용해 추가로 공부할 것을 추천합니다.

블로그 상위 노출의 5요소 >>>

① 블로그 지수
② 키워드
③ 체류 시간
④ 클릭률
⑤ 최신성

블로그를 상위 노출하려면 위의 다섯 가지 요소가 필요합니다. 먼저 블로그 지수는 블로그의 레벨을 뜻합니다. 과거 파워블로그로 불린 블로그는 최근 "블로그 지수가 높다.", "최적화 블로그다." 등으로 통하는데요. 이러한 표현은 네이버의 공식 용어라기보다 마케터 사이에서 편의를 위해 사용하고 있다고 보면 됩니다. 본론으로 돌아와 블로그 지수가 높은 블로그는 포스팅하는 족족, 네이버에서 검색했을 때, 상단에 노출됩니다. 이런 결과를 만들어내는 데는 여러 요인이 있겠지만, 같은 카테고리의 글을 꾸준히 올렸을 때, 가능성이 커집니다. 가령 육아, 맛집,

여행 등 중구난방식으로 포스팅하는 블로그보다, 한 가지 분야만 집중적으로 포스팅하는 것이 최적화 블로그 만들기가 유리하단 뜻입니다.

다음으로 상위 노출에서 중요한 요소는 키워드입니다. 만약 내가 '삼성동 독서실'이라는 키워드로 상위 노출을 하고 싶다면, 제목과 본문에 삼성동 독서실이라는 키워드를 반드시 넣어야겠죠. 보통 3,000자를 기준으로, 제목에 한 번, 본문에 5~6번 정도 해당 키워드를 사용하는 것이 좋습니다. 다만 글 길이가 1만 자가까이 된다면, 9번까지는 키워드를 반복해도 좋습니다. 그런데 그 이상 키워드를 반복할 경우 네이버 알고리즘이 '이 블로그는 상위 노출시키려고, 인위적으로 키워드를 반복 사용하네.'라고 판단하고, 노출 자체를 시켜주지 않을 수 있습니다. 그러니 키워드를 과도하게 반복하지 않도록 주의하길 바랍니다.

상위 노출이 되려면 체류 시간을 늘려야 합니다. 모든 플랫폼의 목표는 유저를 오랜 시간 붙들어 두는 것입니다. 이러한 이유로 유저들이 내가 포스팅한 글에 오랫동안 머물러 있다면, 네이버 알고리즘이 좋은 글이라고 인식하고, 내가 쓴 글을 상단에 노출해줍니다. 평균적으로 유저 한 명이 블로그 글 하나에 머무는 시간은 10~20초 내외라고 합니다. 네이버 입장에서는 유저가 이렇게 짧은 시간만 머물다가 이탈하면 손해이니, 체류 시간이 긴 양질의 글을 상위 노출을 해주려고 할 것입니다. 그렇다면 어떻게 내 글에 머무는 시간을 늘릴 수 있을까요? 그 열쇠는 도입부에 있습니다. 초반부터 "오늘 날씨 너무 좋죠!"라면서 쓸데없는 말만 늘어놓는다면, 독자는 금세 지루함을 느낄 것입니다. 사실 네이버 블로그에 방문하는 목적은 정보를 찾기 위해서입니다. 이 점을 감안한다면 "이 글을 읽으면 네가 궁금했던 정보를 얻을 수 있을 거야!"라는 느낌으로 포스팅을 시작하면 좋습니다. 설명을 곁들이자면, 초반 100자는 반드시 사람들의 관심을 끌 수 있는 멘트로 시작하고, 지루함을 빨리 느끼는 독자를 위해 사진과 인용구를 적극 활용하는 것이 좋습니다. 참고로 사진은 되도록 직접 촬영한 사진을 활용하고, 한 포스팅 당 최소 3~4장을 사용할 것을 권합니다. 그에 더해 해당 포스팅과 관련한 글이 있다면, 링크를 남기는 것도 내 블로그의 체류 시간을 늘리는 데 도움이 됩니다. 예를 들어 MBTI 유형별 단점을 주제로 글을 썼다면, 글 아래에 MBTI 유형별 장점, MBTI 유형별 유명인 등을 링크로 넣어두는 것이죠. 이는 유저가 내 블로그의 여러 글을 읽게 됨으로써, 페이지 뷰 수뿐만 아니라 체류 시간을 늘려 자연스럽게 네이버 알고리즘으로부터 좋은 평가를 받게 합니다.

클릭률도 상위 노출에 큰 작용을 합니다. 내 블로그 글을 검색했을 때, 뒤 페이지에 있다고 하더라도, 클릭률이 높다면 네이버 알고리즘은 '독자들이 좋아하는 글인가 보네. 그럼, 노출을 더 시켜줘야겠다.' 하고, 조금 더 앞쪽으로 노출해줍니다. 반대로 처음에 내 글이 상위권에 노출됐다고 하더라도, 클릭률이 낮다면 뒤쪽으로 밀려날 수도 있겠죠.

마지막 요소는 최신성입니다. 네이버 알고리즘은 최근에 올린 글에 더 높은 점수를 줍니다. 시간이 지나면, 아무리 잘 쓴 글도 뒤로 밀리는 이유도 이 때문이죠.

여기까지가 상위 노출을 위한 기본 요소 5가지입니다. 여러분이 위 기준에 맞춰 꾸준히 블로그를 운영한다면, 네이버에게 선택받는 블로거가 될 수 있을 것입니다.

중개비즈니스에 대한 설명을 하면서 블로그 운영에 필요한 부분을 알려드리느라 내용이 길어졌습니다. 블로그로 높은 수익을 얻는 두 번째 단계는 무료 블로그 대행을 제안해보는 것입니다. 블로그를 상위 노출하는 방법을 알게 됐다면,.당신은 하나의 무기를 갖게 된 셈입니다. 그럼 이때부터는 나에게 블로그 마케팅 대행을 맡길 사람을 찾으면 됩니다. "그런 사람을 어디서 찾나요?"라고 묻는다면, 모든 자영업자가 그 대상이라고 할 수 있습니다. 사실 수많은 자영업자의 고민은 마케팅과 관련돼 있습니다. 그런 자영업자들에게 "제가 무료로 마케팅 대행을 해드릴 테니, 체험해보고 마음에 들면 다음 대행을 맡겨 주세요."라고 제안하면, 부담 없이 물꼬를 틀 수 있습니다.

참고로 다트체인저는 PT숍 무료 체험단을 모집하는 업체에 무료 체험단을 신청하고 체험한 뒤, 구매를 일으킬 만큼 양질의 포스팅으로 상위 노출을 시켰습니다. 덕분에 그 글을 보고 PT숍에 등록한 회원이 늘었죠. 이를 기점으로 다트체인저는 "앞으로도 제가 마케팅을 해드릴 수 있으니, 맡겨 보세요."라는 제안을 했고, 이를 통해 한 달 만에 130만 원의 수익을 냈습니다.

이러한 마케팅 대행 방식은 특출난 누군가만 할 수 있는 일이 아닙니다. 실제 제 유튜브 채널에서도 소개한 사례인데, 제가 활동하고 있는 'ABL(A Better Life)'이라는 크루에서 초보 N잡러들을 위한 비즈니스 토론 클럽, '비토클'을 몇 달 동안 운영했습니다. 격주에 한 번씩 만나 초보 사업가에게 도움이 될 만한 비즈니스 도서를 읽고, 인사이트를 나누거나, 크루 내의 대표들이 비즈니스 실무에 대해 알려주는 모임이었습니다. 제가 놀랐던 부분은 이 스터디에 참여한 N잡러 중 마케팅 대행을 실행으로 옮긴 전원이 마케팅 대행 수주에 성공했단 것입니다.

그 가운데 A 씨의 사례를 소개하자면, 그는 원래 인스타그램과 블로그에 맛집 관련 포스팅을 해왔는데, 대부분 인스타그램을 중심으로 무료 맛집 탐방을 이어가고 있었습니다. 그러다가 비토클을 통해 블로그 마케팅 대행 분야를 알게 됐고, 본인이 무료 블로그 체험을 다녔던 카페에 블로그 마케팅 제안서를 보냈습니다. 그 내용을 각색하면 대강 아래와 같습니다.

"안녕하세요. 지난번에 무료 체험단에 참가했던 블로거입니다. 여러 체험단을 다녔지만 유독 전망이 예쁜 음식점이어서 기억에 남는데, 블로그 조회 수도 잘 나왔네요. 제 블로그 통계를 보면, 현재까지 ○○명이 이 글을 조회했고, 네이버 검색 결과에도 제 글이 4위에 노출됩니다. 부디 제 포스팅이 카페 성장에 도움이 됐길 바랍니다.

블로그 체험단을 모집하는 것을 보면 블로그 마케팅에 관심이 있는 듯한데, 혹시 제 포스팅이 마음에 들었다면, 다음 포스팅도 저에게 맡겨보는 것은 어떨까 제안합니다. 솔직히 말씀드리면 저는 사업을 시작한 지 얼마 되지 않아 포트폴리오가 많이 없습니다. 반면 열심히 포트폴리오를 쌓아야 할 시기이기에 대표님 음식점의 마케팅을 성공시키는 데 집중할 수 있습니다. 하루에 수십 개의 마케팅 대행을 맡아 신경을 못 써주는 대행사를 많이 경험하셨을 텐데, 저는 한 달에 3곳 이하의 음식점만 맡을 계획이라, 대표님 음식점을 집중적으로 홍보해드릴 수 있습니다.

물론 지금은 저에 대한 확신이 없으리라 생각합니다. 그래서 첫 포스팅은 무료로 진행해드리고 싶습니다. 진행해보고 제 결과물이 만족스럽다면, 그다음 포스팅부터 맡겨 보면 어떨까요?"

자, 만약 당신이 이 음식점의 사장이라면 이런 제안을 받았을 때 어떤 마음이 들 것 같나요? 우리 음식점 포스팅을 정성들여 포스팅한 사람이 기존의 마케팅 업체보다 저렴한 가격으로 마케팅 대행을 해준다고 하면서, 게다가 첫 포스팅은 무료로 진행해준다는 제안을 거절할 수 있을까요? 제가 앞서 설득이란, 상대방으로부터 거절할 수 없는 제안을 하는 것이라고 말씀드렸습니다. 그런 면에서 이와 같은 제안은 성공할 수밖에 없는 제안이라고 할 수 있습니다.

한마디 덧붙이자면, 많은 분이 내가 최적화 블로그를 운영하고 있어야만 이런 마케팅 대행을 할 수 있다고 생각합니다. 하지만 블로그가 없어도 괜찮습니다. 왜냐하면 다른 사람의 블로그를 이용해 마케팅 대행을 하는 방법이 있으니까요. 가령, 미용실 마케팅 대행을 한다고 가정해보겠습니다. 그럼 당신은 미용실로부터 건당 7만 원을 받고 블로그 글을 올려주겠다고 제안합니다. 그다음 할 일은 블로그에 포스팅을 해줄 사람을 찾는 것입니다. 그 사람은 '화곡동 미용실', '화곡동 미용실 추천', '화곡동 볼륨매직' 등처럼 내가 마케팅하려는 미용실 관련 키워드를 이용해 네이버 검색으로 찾으면 됩니다. 그렇게 하여 그 키워드로 상위에 노출되고 있는 블로거에게 쪽지, 댓글, 메일 등으로 "안녕하세요? 화곡동 미용실 키워드로 포스팅이 가능할까요? 만일 가능하다면 원고료를 알려주시면 감사하겠습니다."와 같은 내용으로 연락합니다. 이때 블로거가 원고료로 3만 원을 요구하면, 미용실로부터 받은 원고료 7만 원에서 블로거에게 줄 원고료 3만 원을 뺀 4만 원이 나의 최종 수익이 되는 것입니다.

마지막 단계는 성과를 바탕으로 포트폴리오를 만들어 마케팅 대행사를 차리는 것입니다. 2단계에서 알려드렸듯 무료로 포스팅을 해주고, 마케팅 대행 계약을 성사시키다 보면, 자연스럽게 포트폴리오가 생깁니다. 처음에는 무료로 진행하지만, 포트폴리오가 쌓일수록 더 높은 금액으로 마케팅 대행 업무가 가능해지고, 이로써 자연스럽게 블로그 부업은 사업화 단계까지 오를 수 있습니다.

당신의 고객을 찾는 방법은 다양합니다. 네이버의 자영업자 카페에 가입해 그곳에 모여 있는 사장들에게 쪽지를 보내 무료 마케팅 대행을 제안하거나, '레뷰', '투잡커넥트' 등의 사이트에서 마케팅을 진행하고 있는 사람들에게 메일 또는 전화로 "더 좋은 조건에 마케팅을 진행해드리겠다."고 제안할 수도 있습니다. 또 '크몽'이나 '숨고' 같은 재능 판매 사이트에서 당신의 마케팅 상품을 홍보할 수도 있습니다.

끝으로 나의 블로그 포스팅 주제가 독서, 자격증, 미술치료와 같은 자기 계발이나 법률, 세무 등 경제적 주제를 다루고 있다면, 블로그를 지식창업의 수단으로 활용하는 것도 하나의 방법입니다. 지금 당장 블로그에 '미라클 모닝'이라는 키워드를 검색해보세요. 아마 5,000원~5만 원의 참가비를 받고 미라클 모닝 모임을 운영하는 블로거를 쉽게 찾을 수 있을 것입니다. 이러한 지식창업과 관련한 자세한 이야기는 다음 장에서 좀 더 자세하게 다루겠습니다.

활용하기 좋은 블로그 관련 사이트 >>>

• 황금 키워드(www.gold-keyword.info)

• 리얼 키워드(www.realkeyword.co.kr)

• 키자드(www.keyzard.org)

• 블로그 도우미(www.bloghelper.co.kr)

• 블랙키위(https://blackkiwi.net)

옆집 CEO의 한마디

**블로그로 수익화하려면
경험 쌓기와 꾸준한 실행력이
뒷받침돼야 합니다!**

부업으로서의
블로그를 말하다

앞서 말했듯 블로그는 초보자가 가장 쉽게 접근 할 수 있는 부업입니다. 사업자 등록을 할 필요도 없고, 시작하는 데 어떠한 비용도 들지 않죠. 하지만 반대로 생각해보면, 누구나 도전하는 분야이므로 그만큼 경쟁이 치열합니다. 그래서 오로지 돈을 목적으로 블로그에 접근하면, 최고의 부업은 아닐 수 있습니다.

특히 '파워블로거 되기'나, '애드포스트로 광고비 받기' 등을 목표로 수익화를 하려면, 생각보다 긴 시간을 투자해야 합니다. 빠른 성과를 위해서는 결국 소개해드린 것처럼 블로그 대행이

나, 중개 비즈니스 만들기, 퍼스널 브랜딩 등을 통한 완전히 새로운 방식으로 접근하는 것이 효율적이죠. 결국 남들과 완전히 다른 방식으로 도전했을 때 월급 이상의 수익을 얻을 수 있습니다.

그런데 수익이 목적이 아니라 배움과 성장을 목적으로 한다면, 블로그만큼 좋은 부업도 없습니다. 저 역시 직장인 시절 공부한 것을 정리하려는 의도로 가볍게 블로그를 시작했다가, 자연스럽게 협찬도 받고, 원고료도 받는 '돈 벌면서 공부하기'라는 당시의 저로서는 최적의 상황을 만들기도 했으니까요.

💬 **옆집 CEO의 한마디**

성공적인 블로그의 답도 결국 남다른 방식으로 접근하는 것입니다!

7장

나에게 맞는 N잡 찾기 4

_ 지식창업

이제는
나의 지식을 판매하는 시대다

지식창업이란 내가 가진 정보, 지식, 노하우 등을 콘텐츠화해서 판매하는 것을 뜻합니다. 많은 분이 잘 알고 있는 전자책 또는 강의 판매 등이 여기에 속합니다. 저도 직장에 다니면서 지식 창업에 도전했었습니다. 저의 첫 지식창업은 전자책 판매였는데, 'N잡 하는 허대리'라는 채널을 통해, 재능 판매 사이트 '크몽'에서 전자책을 판매하면, 짭짤한 부수입을 얻을 수 있다는 이야기를 듣고, 시도한 것이었습니다.

주제를 무엇으로 할까 고민하다가, 이직으로 연봉을 높인 경험을 살려 '사회 초년생이 입사 2년 이내에 연봉 2,000만 원 올리기'를 주제로 잡았습니다. 이 전자책을 읽고, 연봉이 단 100만 원이라도 오르면 이득일 테니, 독자가 좋아할 것이라는 확신이 들었죠. 이에 전자책 분야에서 가장 유명하다는 강사의 강의도 결제하고, 2주가량 퇴근 후, 노트북을 들고 카페에 가서 전자책을 썼습니다. 하지만 약 50%까지 작성한 시점에 포기하고 말았습니다. '이게 정말 팔릴까? 열심히 썼는데, 한 개도 안 팔리면 헛수고 한 거잖아.'라는 생각이 들었기 때문입니다. 저는 크몽과 같은 재능 판매 사이트를 통해 전자책을 판매할 계획이었는데, 막상 전자책을 판매하는 분들의 사정을 보니, 한 건도 팔지 못한 사람이 너무도 많았던 것입니다. 무작정 전자책을 만들어 올린다고 한들, 판매가 일어날 것 같이 보이지 않았죠. 또한, 제가 타깃으로 한 사회초년생들이 해당 플랫폼에 유입될 확률은 그다지 높을 것 같지도 않았습니다. 보통 재능 공유 플랫폼은 지식창업을 하고 싶어 하는 사람, 사업체를 운영하는 사람이 많이 이용하니까요. 결국 재능 공유 플랫폼에서 자연적으로 발생하는 트래픽만으로는 원하는 수익을 얻기는 어렵고, 플랫폼에 광고를 하거나, 내가 직접 외부에서 고객을 끌고 오는 마케팅력이 있어야 한다는 판단이 섰습니다.

그렇다면 제가 전자책 판매를 어떻게 접근했다면 성공할 수 있었을까요? 앞 챕터를 읽은 분이라면 부업을 성공시키려면 팬을 모으고 시작하라는 말이 기억날 것입니다. 맞습니다. 저는 무작정 전자책부터 쓸 것이 아니라, 블로그에 사회초년생에게 도움이 될 만한 글을 쌓아두고, 다른 직장인 블로그에 들어가 댓글을 남기면서 자연스럽게 제 블로그로 유입될 수 있게 해야 했습니다. 또 '독취사', '스펙업' 같은 네이버 취업 커뮤니티에 들어가 칼럼을 올리고, 그곳의 회원들이 내 블로그를 방문하게 했어야 했습니다. 그랬다면 결과는 완전히 달라졌을 것입니다. 블로그가 아니더라도 인스타그램에서 '#직장스타그램', '#이직각' 등의 해시태그를 검색한 뒤 관련 게시글에 댓글을 남기는 활동을 했더라면 어땠을까요? 댓글을 본 계정 주인은 '이 사람은 누군데 내 글에 댓글을 남겼지?' 하고, 제 프로필을 눌러봤을 것입니다. 그리고 만약 제 인스타그램 피드에 충분히 좋은 정보가 있다면 팔로우를 했겠죠.

이런 식으로 인스타그램이든 블로그든 나만의 매체를 미리 만들어둔 뒤에, 전자책을 만든다면, 다른 플랫폼에 판매 수수료를 지불하지 않고서, 내 마케팅 능력만으로도 판매를 일으킬 수 있습니다. 참고로 재능 판매 사이트의 수수료는 평균 20% 수준이고, 강의 판매 사이트의 수수료는 50%까지 하는 경우도 있습니다. 이런 점을 감안했을 때, 나만의 마케팅 채널을 가지고 있다는 것만으로도 수입을 확연히 높일 수 있습니다.

저는 이때의 교훈을 바탕으로 옆집 CEO라는 유튜브 채널을 개설해, 스마트스토어, 부업, 투잡에 관심 있는 사람들을 모았습니다. 그리고 유튜브 채널을 통해 강의, 스터디, 출판 등 여러 가지 유형의 지식상품을 런칭했고, 지식창업 수입만으로도 회사에 다닐 때보다 훨씬 높은 수익을 얻고 있습니다.

이 같은 지식창업의 장점을 정리하자면, 초기 비용이 들지 않고, 실패해도 위험이 없으며, 시·공간의 제약도 없습니다. 더불어 한 번 구입한 사람에게 연관 상품 또는 추가 상품을 판매하기에 용이합니다.

💬 **옆집 CEO의 한마디**

내가 가진 지식을 판매하고 싶다면, 찐팬을 만드세요!

지식창업을 하려면 마케팅부터 배워라

조금 전 저의 사례를 통해 지식창업에서 중요한 것이 무엇인지 파악한 분들이 있을 것입니다. 지식창업에서는 좋은 상품을 만드는 것만큼이나 중요한 것이, 어떻게 마케팅할 것인가 하는 부분입니다. 그런데 지식창업을 하고 싶어 하는 분들을 볼 때마다 안타까웠던 것은 좋은 콘텐츠를 만드는 데 너무 집중한 나머지, 어떻게 마케팅할 것인지에 대해서는 생각을 전혀 하지 않는다는 점입니다.

실제 시중의 전자책 관련 강의를 보면 전자책 쓰는 시간 단축하는 법, 고객을 설득하는 상세페이지 작성법, 판매 후 좋은 후기 받는 법 등을 중심으로 다룹니다. 하지만 아무리 콘텐츠 잘 만드는 방법을 배운다고 하더라도, 고객을 데려올 방법을 모른다면, 공들여 만든 콘텐츠가 단 한 개도 판매되지 않을 수 있습니다. 그러므로 어떻게 하면 내 콘텐츠를 구매할 고객을 데려올 수 있는지, 즉 마케팅하는 방법에 대해 공부한 다음, 콘텐츠 만들기에 몰입해야 합니다.

그렇다면 어떻게 마케팅을 하면 좋을까요? 다행인 것은 지식창업 상품을 홍보하는 것은 일반 유형 재화를 홍보하는 것보다는 수월합니다. 바로 무료 마케팅을 적극적으로 활용하면 성과가 따라오는 덕분입니다. 여기서 무료 마케팅이란, 사람들이 궁금해하는 정보를 무료로 제공하는 것을 뜻합니다. 인스타그램, 블로그, 유튜브 등의 SNS에 당신이 알고 있는 정보를 포스팅함으로써, 손쉽게 본인을 알릴 수 있습니다.

이때 현존하는 수많은 SNS 매체 중, 어떤 매체를 키울지 판단이 서지 않는다면, 본인이 타깃으로 하는 고객이 어떤 매체에 모여 있는지를 점검한 후 선정하면 됩니다. 예를 들어 '여자친구에게 사랑받는 인물 사진 찍는 방법'과 같은 주제를 다루려면, 인스타그램을 핵심 SNS 채널로 운영하고, 반면에 '블로그 수익화 방법'을 주제로 상품을 판매하고 싶다면, 블로그를 중심으로 운영하면 되겠죠.

여러 채널을 함께 이끌어가는 방법도 있는데, 육아맘을 타깃으로 한다면, 맘 카페에서 열심히 활동해 자연스럽게 내 블로그에 들어오도록 유도하는 방법도 있고, 유튜브 채널을 운영하면서 고정 댓글을 통해 블로그로 유입하게 하는 방법도 있습니다. 참고로 유튜브는 나이, 성별을 가리지 않고 전 연령대가 이용하므로, 어떠한 매체를 이용해야 할지 모르겠다면 유튜브를 운영하는 것을 추천해 드립니다.

💬 **옆집 CEO의 한마디**

내가 판매하고 싶은 상품에 따라, 주요 SNS 채널이 달라집니다!

잘하는 게 없어도
지식을 판매할 수 있다

"지식창업을 해보고 싶은데, 저는 정말 팔만한 지식이 없어요. 이런 경우는 어떤 지식창업을 할 수 있을까요?"

이렇게 말하는 분도 있습니다. 그런데 그거 아시나요? 당신의 모든 경험은 돈으로 바꿀 수 있다는 사실요. 지금부터 그 방법에 대해 알려드리겠습니다.

첫째, 어려움을 극복한 경험을 수익화합니다. 지식창업 영역에서는 나의 단점이 곧 장점이 될 수 있습니다. 대학생 때 제가 수강했던 유료 스피치 강의가 있습니다. 베개 씨라는 닉네임을 가진 분이 운영하는 스터디이자 강의였는데, 수업이 좋아 두 번이나 수강했던 기억이 있습니다.

지금 당장 스피치 강의를 검색해보면, 국내 대표 방송 3사 아나운서라거나, 몇백억 매출을 올린 쇼호스트라거나 "우와!" 소리가 절로 나오는 화려한 스펙을 자랑하는 강사의 강의가 많습니다. 반면에 제가 수강했던 베개 씨는 전문 스피치 강사도 아니었고, 화려한 스펙이 있었던 것도 아니었습니다. 그런데도 제가 해당 스피치 강의를 수강했던 이유는 '발표 공포증이 심한 사람을 위한 스피치 강의'였기 때문입니다.

스터디를 운영하는 베개 씨도 한때는 발표 공포증으로 고생하던 1인이었다고 합니다. 그리고 이 점을 강의 소개에 적극 어필하죠. 보통 발표 공포증이 있는 사람들은 스피치 학원에 가기를 주저합니다. 왜냐하면 스피치 학원에 가면 발표 공포증을 이겨내라는 명목으로, 마음의 준비가 안 된 수강생들에게 다른 사람들 앞에 서서 스피치를 하도록 시키는데, 이미 발표에 트라우마가 있는 사람은 이런 연습이 오히려 더 큰 트라우마로 남게 됩니다. 하지만 베개 씨의 강의를 수강하는 대부분이 발표 공포증이 있는 사람들이라 부담 없이 참여할 수 있었습니다. 실제로 제가 참석한 첫날에는 저를 포함한 모두가 염소 목소리를 내며 발표를 했는데, 다른 스터디였다면 부끄러웠겠지만, 그 모임에서는 왠지 모를 위안을 느꼈습니다.

이렇게 지식창업 영역에서는 내가 겪었던 어려움이 스펙이 되기도 합니다. 아마 이 책을 보고 있는 분들이라면, 돈 버는 방법에 관심이 많을 텐데요. 지식창업 강사들이 스토리텔링 할 때 패턴이 있다는 것을 알고 있을 것입니다. 예를 들자면 "아이들 분윳값을 걱정해야 할 정도로 힘들었지만, 스마트스토어를 배워 이제 월 1,000만 원 이상의 수익을 벌고 있다."는 식이죠. 이러한 스토리가 클리셰처럼 자주 등장하는 이유는 그만큼 효과가 좋아서입니다. 저도 유튜브에서 초반 구독자를 모을 때, 스타트업에서 연봉 2,000만 원대를 받고, 야근해가며 고생하던 사람인 점을 강조했고, 그 덕분에 공감대를 느끼고, 저를 진심으로 좋아해 주는 팬들이 생겨났습니다.

오른쪽은 단점을 장점으로 바꾼 예시입니다. 이 내용을 바탕으로 본인에게는 어떻게 응용할 수 있을지 생각해보세요.

둘째, 본인의 취미, 특기, 성격 등을 수익화합니다. 지식창업에서는 당신의 취미나 취향, 심지어 성격까지도 수익화 대상이 될 수 있습니다. 예를 들어 액티비티 플랫폼 '프립'에는 생각지도 못한 다양한 방법으로 수익화하는 사람들이 있는데, 아웃도어큐레이터(outdoorcurator)라는 닉네임으로 활동하는 한 호스트는 한국의 100대 명산을 완등한 경험을 바탕으로, 야간 하이킹을 운영하여 수익을 얻고 있습니다. 설명을 덧붙이자면, 태블릿 PC를 이용해 트레킹 하는 산의 얽힌 역사를 들을 수도 있고, 함께 참여한 사람들과 친목도 다질 수 있는 프로그램입니다. 2022년 9월 기준으로 후기만 약 2,000개가 되니, 꽤 인기가 있죠. 이렇게 본인의 취미가 나의 수익 창출원이 될 수 있습니다.

다이어리 꾸미기 취미로 돈을 버는 사람도 있습니다. 잠시 책을 내려놓고, 유튜브에 '아이패드 다이어리'라는 키워드를 검색해보세요. 정말 많은 유튜버가 아이패드로 다이어리 작성하는 방법에 대한 콘텐츠를 만들어뒀음을 확인할 수 있습니다. 그들은 단순히 유튜브 광고 수익으로 돈을 버는 것이 아닙니다. 본인이 아이패드 다이어리 양식을 직접 만든 뒤, 활용하는 모습을 보여주고, 이것을 전자파일 형태로 판매합니다. 자본 한 푼 들이지 않고, 평소 다이어리 쓰던 모습을 유튜브에 기록해, 수익화를 이루는 것이지요. 지인을 통해 건네 들은 이야기라 정확하지는 않지만, 약 3만 명의 팔로워를 보유한 아이패드 다이어리 콘텐츠를 발행하는 유튜버는 다이어리 양식 하나를 출시할 때마다 500~1,000만 원 상당의 수익을 얻는다고 합니다.

취미뿐만 아니라 본인의 성격도 재능창업 소재가 될 수 있습니다. 가령, 본인이 예민한 성격 때문에 힘들다면, 예민한 성격을 가진 사람들을 위한 책 10권을 읽은 다음, 직접 운영하는 블로그에 기록하고, 그들에게 도움이 될 만한 정보를 공유하면, 같은 성격을 가진 사람들을 위한 커뮤니티가 형성될 것입니다. 이렇게 타깃이 모이면, 어떠한 방법으로든 수익화 방법이 생깁니다. 유료 오프라인 모임을 기획할 수도 있고, 심리학 강의를 런칭할 수도 있고, 마음을 안정시켜주는 아로마 오일을 판매할 수도 있죠.

셋째, 돈만 보고 수익화하는 방법이 있습니다. 이는 아무리 생각해도 수익화할 콘텐츠가 없는 분에게 추천하는 스타일입니다.

유튜브 또는 인스타그램에는 맛집 정보, 데이트 코스 등을 모아둔 페이지를 어렵지 않게 볼 수 있는데요. 이런 채널은 어떤 정보를 나눠줌으로써 사람을 모은 뒤, 그 트래픽을 기반으로 광고 사업을 하는 케이스입니다. '그건 기업이라야 할 수 있는 영역 아니야?'라고 생각할 수 있지만, 제가 직장인이었던 시절 K-POP 관련 페이지를 만들어 1만 명의 팔로워를 달성한 것만 봐도 누구나 할 수 있습니다.

제가 페이스북 페이지 운영에 관심을 갖게 된 것은 순전히 제가 다니던 직장의 영향이 컸습니다. 광고와 콘텐츠를 제작하는 회사로 네이버 카페와 페이스북 페이지를 통해 성장한 곳이었는데, 카페 회원 수와 페이스북 팔로워 수 모두 100만 명이 넘었습니다. 그리고 이 엄청난 팔로워를 통해 사업을 확장했고, 100명 가까이 되는 직원과 10개가 넘는 사업체를 운영했습니다. 이러한 환경에 있다 보니, 저는 SNS 채널이 갖는 파급력을 자연스럽게 체득하게 됐고, 직접 페이스북 페이지를 만들어 키워봐야겠다는 생각이 들었습니다.

그렇게 처음으로 시도한 것이 해외 K-POP 팬을 겨냥한 K-POP 페이스북 팬 페이지입니다. 당시 뉴스 기사를 통해 동남아에서 K-POP 열풍이 불고 있다는 사실을 알게 됐고, 팬들이 한국 가수들의 콘텐츠에 목말라 있으니, 내가 그 콘텐츠를 제공해주면 되겠다 싶었습니다. 또 그를 통해 사람을 모은 뒤, 워드프레스 블로그를 만들어 애드센스 광고 수익을 얻겠다는 계획이었습니다.

저는 구상한 대로 곧장 BTS, 지드래곤 등 동남아에서 인기가 많은 한국 가수의 근황을 공유했습니다. 또 동남아 10대 현지인들의 말투를 따라 하기 위해, 인스타그램에서 관련 해시태그를 검색한 후, 10대 외국인이 어떤 단어를 사용하는지 확인하고, 그와 비슷한 느낌으로 글을 작성했습니다. 이렇게 페이스북을 세팅한 뒤, 페이스북 광고 기능을 이용해 페이지를 알리기 시작했는데, 3,000원~1만 원의 광고비만으로도 게시글 조회 수가 몇만 회씩 도달했고, 운영 한 달 후에는 팔로워가 1만 명이 넘었습니다. 비록 K-POP과 아이돌에 큰 관심이 없었던 탓에 수익화를 시도해보기도 전에 페이스북 운영을 중단했지만, 제가 만약 K-POP 팬이었다면, 즐기면서 페이지를 꾸준히 운영했을 것이고, 구글 애드센스 수익뿐만 아니라, 브랜드로부터 광고 이익도 얻을 수 있지 않았을까 하는 상상을 해봅니다.

수익만을 위해 미디어를 운영하고 싶은 분에게 추천하고 싶은 또 한 가지는 시니어 분야입니다. 앱 분석 서비스 '와이즈앱'

의 발표에 따르면, 50대 이상 장·노년층의 유튜브 사용 시간이 30대보다도 높은 것으로 나타났습니다. 하지만 막상 장·노년층이 유튜브에서 볼만한 콘텐츠는 청년층이 볼 수 있는 콘텐츠보다 적습니다. 대부분의 크리에이터들이 청년층이기에 어찌 보면 자연스러운 현상입니다. 만일 당신이 이 틈새를 파고들어 지식창업을 한다면, 높은 수요와 비교적 낮은 경쟁 속에서 크리에이터로 성장할 수 있을 것입니다.

실제 이러한 틈새를 잘 파고들어 성공한 유튜브 채널이 있는데요. '엄마 내가 알려줄게'라는 채널로, 2022년 9월 기준, 약 18만 명의 구독자를 보유하고 있습니다. 채널명에서 짐작할 수 있듯이 이 채널에서 알려주는 내용은 어려운 고급 기술이 아닙니다. 딸이 엄마 아빠에게 휴대폰, 컴퓨터 등의 기기 사용법을 알려주는 것이죠. 가령 휴대폰으로 유튜브에 영상 올리기, 인스타그램 가입하기, 컴퓨터 화면 녹화하는 방법 등 20~30대 입장에서는 '저걸 꼭 배워야만 할 수 있는 거야?'라고 생각할 정도로 단순한 정보들입니다. 그런데 이 콘텐츠가 20~100만 조회 수를 기록하고 있습니다. 이제 막 컴퓨터와 휴대폰에 친숙해진 50대 이상의 중·장년층에게는 이렇게 친절하게 하나부터 열까지 알려주는 채널이 없으니, 인기가 높을 수밖에 없습니다. 다시 말해, 엄마 내가 알려줄게 채널 운영자가 압도적으로 많은 지식을 갖고 있어서 성공한 것이 아니라는 것입니다. 차이가 있다면, 모두가 알고 있는 지식을 콘텐츠화해서 세상에 알렸다는 사실입니다.

이와 비슷한 사례는 무궁무진합니다. 다른 예를 들어볼까요? 콘텐츠를 만드는 데 필요한 노력에 비해 조회 수가 잘 나오는 채널이 있습니다. '몰라서 못 받는 지원금'과 같은 주제로 정부 지원금, 공공지원 정책들을 알려주는 콘텐츠입니다. 관련 채널로는 '웅빠의 트렌드 라디오', '시니어 전성시대'가 있는데, 2022년 9월 기준으로 각각 28만 명, 91만 명의 구독자를 기록하고 있습니다. 이런 정보성 채널은 '이 정보는 다음에도 놓치고 싶지 않다.'는 사람들의 심리를 자극하므로, 오락성 채널보다 구독자 전환이 잘 되는 편입니다. 또한 정부 지원금 채널은 코로나 재난지원금이 지급될 때처럼 전 국민에게 지급되는 혜택이 있을 때, 알고리즘을 타며 엄청난 조회 수를 기록하므로, 비교적 쉽게 알고리즘의 선택을 받는 짜릿함을 느낄 수 있기도 합니다.

특히 정보성 채널은 화려한 편집 기술이 필요 없어서, 휴대폰 카메라와 간단한 영상 컷 편집 기술만 익히면 만들 수 있는데요. 이러한 기술은 이틀이면 배울 수 있을 정도로 간단해서, 의지만 있다면 누구나 시작할 수 있습니다. 또 대본 작성도 정해진 틀 안에서 진행이 가능하고, 영상을 다루는 유튜브 매체가 어렵게 느껴진다면, 인스타그램 계정이나 네이버 블로그를 개설해 키우는 방법도 있습니다.

뿐만 아니라. 정보 수집 방법도 매우 쉽습니다. 국가에서 운영하는 '보조금24' 홈페이지만 잘 활용하면, 수시로 업데이트되는 공공정책을 확인할 수 있으며, '찬스링크'와 같은 민간 사이트에서도 지역/부동산/교통/결혼/육아 등 카테고리에 따라 개인 혹은 기업이 받을 수 있는 다양한 공공정책을 확인할 수 있습니다. 굳이 정보성 지식창업을 하지 않더라도, 아래의 사이트를 이용하면, 각자 상황에 맞게 받을 수 있는 혜택을 확인할 수 있으니, 내가 받을 수 있는 지원금에는 무엇이 있는지 점검해봐도 좋습니다.

각종 정부 지원금·공공정책 정보 사이트 >>>

• 찬스링크: 공공정책 모음 사이트(https://www.chancelink.co.kr)
• 모모예술: 문화예술 관련 지원 사업 모음 사이트
  (https://www.momo365.net)
• 기업마당: 사업자를 위한 지원 사업 모음 사이트
  (https://www.bizinfo.go.kr)
• 보조금 24: 국가에서 운영하는 정책·정보 민원 관련 정보 모음 사이트
  (https://www.gov.kr/portal/rcvfvrSvc)

이와 같이 당신이 공략한 타깃에 대한 정보를 수집하고, 그 정보를 가공해서 다른 사람들이 알기 쉽게 전달해주는 것만으로도 쉽게 사람을 모을 수 있고, 이렇게 한번 사람이 모이면, 광고 수익이든, 직접적인 상품 또는 서비스 판매든, 어떠한 방식으로든 수익화의 길은 열려있습니다.

성공하는 사람은 안 될 100가지 이유 중에 될 방법 한 가지를 찾아 해내는 반면, 실패하는 사람은 어떻게든 안 되는 이유만 찾아 안 될 변명거리를 만듭니다. 지금 말씀드린 정보들은 오늘부터라도 당장 실천할 수 있는 것들입니다. 결국, 당신의 삶을 변화시킬 방법은 실천밖에 없다는 사실을 잊지 말고, 꼭 하나쯤은 행동으로 옮겨봤으면 합니다.

💬 **옆집 CEO의 한마디**

당신이 경험한 모든 것은 지식이 되어 판매 가능하니, 도전해보세요!

8장

N잡러로 당당하게
살아남는 법

블루오션
N잡을 찾아라

2015년, 취미생활로 블로그에 간간이 도서 포스팅을 하던 저는 우연히 이웃 블로거 피드에서 카카오에서 '브런치'라는 글쓰기 서비스를 베타 런칭한다는 소식을 접합니다. 그런데 브런치는 다른 플랫폼과 달리 심사에 통과해야 작가로 활동이 가능하다고 했습니다. 이에 저는 '무슨 서비스길래 심사까지 한다는 거지? 내 글도 통과되려나? 글 하나 올려볼까?'라는 호기심에 블로그에 올렸던 기존의 글을 복사한 다음, 몇 줄만 추가해서 작가 신청을 했습니다.

그 결과, 단 한번에 '작가 승인을 축하드립니다!'라는 통보를 받았고, '내가 글쓰기 실력이 좋나? 블로그 운영한 보람이 있는데?'라는 자화자찬까지 합니다. 그런데 이게 웬걸. 블로그 이웃 피드에도 '브런치 작가 신청 승인 났어요!'라는 포스팅이 하나둘 올라오기 시작하더니, 급기야 대부분의 블로그 이웃이 브런치 작가 심사에 통과했다는 사실을 알게 됩니다. 결국 저는 김이 샌 나머지 '뭐야, 아무나 다 승인해주는 거였어?' 하고, 브런치 계정을 내버려 둔 채 잊고 지냈습니다. 그리고 그로부터 2년이 지난 어느 날, 동료와 대화하는 중에 브런치가 다시 수면 위로 떠올랐습니다.

동료: 저 이번에 브런치 작가에 신청했는데 통과하면 좋겠어요.
나: 카카오 브런치 말하는 거예요? 그거 누구나 다 되는 거 아닌가요?
동료: 아뇨, 전 지난번에 탈락하고, 두 번째 도전인데요.
나: 그래요? 난 한 번에 통과시켜 주던데.
동료: 정말요? 어떻게 통과했어요? 노하우 좀 알려주세요.
나: 글쎄요. 특별한 노하우라기보다 초창기에 베타 서비스일 때 신청해서 바로 됐어요. 제 블로그 이웃들도 다 승인받았고요.
동료: 그렇구나. 지금은 글을 잘 써야 통과시켜주는 것 같더라고요. 또 인기 글은 출판 제의도 온대요.

저는 그날 퇴근 후, 바로 브런치에 접속했습니다. 당시 제가 재미있게 읽고 있던 책이 『타이탄의 도구들』이었는데, 그 책에서 소개된 부자들의 아침 루틴을 정리해 '성공한 사람들의 다섯 가지 아침 습관'이라는 제목으로 발행했습니다. 그리고 며칠 뒤, 아무 생각 없이 올린 글이 조회 수 9만 회를 넘기게 되죠. 알고 봤더니 제 글이 다음 포털 메인에 떴던 것입니다.

여기서 알 수 있듯, 단순히 시장의 초기에 들어갔다는 이유만으로, 후발주자보다 훨씬 수월하게 많은 혜택을 누릴 수 있습니다. 예를 들어 볼까요? 네이버에서 블로그 서비스를 처음 시작했을 때, 본인이 직접 사용한 화장품 후기를 작성하거나, 맛집 탐방 후 포스팅했던 분이 파워 블로거가 되어 건당 수십~수백만 원의 원고료를 받는 수익을 내고 있죠. 또 다음에서 유행했던 카페 서비스가 네이버에 처음으로 생겼을 때, 재빠르게 네이버에 맘 카페, 뷰티 카페, 인테리어 카페 등을 만들었던 분은 부업을 넘어 기업화를 이루었습니다. 또 '에이블리'나 '지그재그'와 같은 신규 패션 서비스를 스타트업에서 런칭했을 때, 이 플랫폼에 재빠르게 들어간 쇼핑몰은 플랫폼과 동시에 성장했습니다. 마찬가지로 지금은 초보자가 입점 승인 나기조차 어려운 '오늘의 집'과 같은 플랫폼도, 초반에는 거의 모두 입점 승인이 됐죠. 이렇듯 초기 시장에 빠르게 들어가면 돈을 벌 수 있는 기회를 충분히 잡을 수 있습니다.

 옆집 CEO의 한마디

N잡러가 되고 싶다면, 플랫폼 시장의 흐름을 읽으세요!

**누구보다 빠르게
트렌드를 파악해라**

이쯤 되면 많은 분이 비전 있는 플랫폼을 찾는 법이 궁금할 것입니다. 다음 내용은 제가 트렌드를 파악하기 위해 이용하는 방법으로, 일상에 이를 습관화해나가면, 자연스럽게 트렌드를 파악하는 눈이 생길 것입니다.

첫째, 정보 탐색용 계정을 만듭니다. 저는 콘텐츠를 소비할 때, 정보 탐색용 계정을 따로 만들어 둡니다. 예를 들어 유튜브 계정이 여러 가지인데, 하나는 스마트스토어/유통/사업/경제·경영에 관련된 계정, 하나는 음식/뷰티/여행/유머 등 대중의 관심사를 파악할 수 있는 트렌드 계정, 그리고 독서 관련 계정입니다. 이렇게 계정을 나누어 두면, 그때그때 필요에 맞게 해당 계정에 들어가 정보를 찾을 수 있는 장점이 있습니다. 특히 저는 요즘 리빙 브랜드 런칭을 고려하고 있어서 살림, 브이로그 관련 유명 유튜버를 보이는 대로 팔로우한 뒤 시간이 날 때마다 틈틈이 시청하고 있습니다. 인스타그램에서도 마찬가지로, 살림 관련 인스타그램 운영자를 팔로우하는 용도의 계정을 만들어두고 시간이 날 때마다 둘러보고 있습니다. 페이스북도 강력히 추천하는 트렌드 분석 매체 중 하나인데요. 저는 트렌드를 앞서가고 있는 스타트업 관계자를 팔로우하고, 그들이 올리는 소식을 매거진 읽듯이 봅니다. 아무래도 스타트업이 빠르게 변화하는 세상에 대응하는 조직이기에 트렌드에 민감한 분이 많습니다. 그에 더해 해외 최신 기술에 민감한 분이 대다수라서, 최근 유행하는 요소를 한국에 먼저 들여오는 소식도 발빠르게 접합니다. 그래서 저는 회사에 다닐 때, 일면식도 없는 분이라도 스타트업 종사자라고 하면, 일단 친구 추가부터 해뒀습니다. 그로써 저는 그들의 피드를 통해 트렌드를 빠르게 습득할 수 있었죠. 모르는 사람을 친구 추가하기가 꺼려진다고 할 수도 있겠지만, 인스타그램에서 팔로우하는 정도의 일이라고 생각하면 어려운 일이 아닙니다.

둘째, 정보 큐레이션 사이트를 주기적으로 들어가는 것도 한 가지 방법입니다. 특히 요즘 유료 잡지 수준의 글을 무료로 보내주는 뉴스레터가 많습니다. 아래는 제가 구독하는 뉴스레터인데, 구독해두면 굳이 노력하지 않아도, 일상에서 틈틈이 트렌드 공부를 할 수 있습니다.

추천 트렌드 뉴스레터 >>>

① 캐릿

▶ 구독 링크: https://www.careet.net/Newsletter

▶ 소개: 대학내일에서 운영하는 MZ세대의 트렌드와 마케팅 인사이트를 전해주는 뉴스레터로, 1020 트렌드를 가장 잘 전달해줍니다. 1020을 대상으로 비즈니스를 한다면 놓쳐서는 안 되는 뉴스레터입니다.

▶ 콘텐츠 예시

- 단골 술집은 Zoom…MZ세대의 음주문화 총정리

- 지금 섭외해야 하는 Z세대 픽 인플루언서 45인

- 마스크 벗은 Z세대들, 여기서 놀고 있었네?

② 트렌드 라이트

▶ 구독 링크: https://page.stibee.com/subscriptions/41037

▶ 소개: 매주 수요일마다 이커머스 시장 관련 트렌드를 전해주는 뉴스레터로, 양질의 글이 자주 올라와서 주기적으로 챙겨보고 있습니다. 커머스 업계 관계자나 마케터가 주로 구독하는 뉴스레터이기도 합니다.

▶ 콘텐츠 예시

- 네이버가 저성장 시대에 대처하는 자세

- 새벽 배송이 사라지고 있는 이유
- 침대를 지배하는 자, 리빙을 지배한다!

③ 아이보스 큐레터
▶ 구독 링크: https://www.qletter.co.kr/subscribe
▶ 소개: 마케팅 커뮤니티 아이보스에서 발행하는 뉴스레터입니다. 최신 마케팅 트렌드와 비지니스, 도서 등에 관한 정보를 제공합니다.
▶ 콘텐츠 예시
- 이커머스가 멤버십에 꽂힌 이유
- 카카오판 메타버스, 카카오 유니버스
- 마케터에게 물어본 2022년 하반기 마케팅은?

④ 수박레터
▶ 구독 링크: https://bemyb.kr/newsletter
▶ 소개: 브랜드 경험 플랫폼 비마이비(Be my B)에서 운영하는 뉴스레터로, 마케팅, 브랜딩 관련 정보를 카카오톡 기반으로 보내줍니다.
▶ 콘텐츠 예시
- 대세는 이제 숏폼이다
- 2022 상반기 브랜드의 모든 것.zip

⑤ 펜타레터
▶ 구독 링크: https://page.stibee.com/subscriptions/79436
▶ 소개: 종합광고대행사 팬타클에서 운영하는 뉴스레터로, 넘쳐나는 뉴스와 정보 속에서 알아야 할 광고, 트렌드, IT 분야 등 놓쳐선 안 될 기사를 큐레이션 하여 보내줍니다.

▶ 콘텐츠 예시

- 조연에서 주인공으로…'편집자 책' 전성시대

- 평범한 직장인이 10만 명 유명 블로거 된 비결

- 다이소 '공주 목걸이' 동난 이유

추천 트렌드 분석 사이트 >>>

① 썸트렌드

▶ 구독 링크: https://some.co.kr

▶ 소개: SNS 빅데이터를 쉽게 분석할 수 있는 서비스입니다. 뽐뿌, 중고나라, 네이트 판 등 7,000여 개의 커뮤니티 게시판을 분석하여, 데이터를 제공합니다. 국내 회사에서 만들었으므로 가장 한국 친화적입니다. 단순 검색량 기반이 아닌, SNS에 작성한 게시물에 대한 분석 결과를 얻을 수 있습니다. 예를 들어 기간 내 '코로나'가 쓰인 게시물의 개수를 볼 수 있을 뿐만 아니라, 해당 게시물의 감성, 감성어와 연관된 단어를 파악할 수 있습니다.

② 네이버 데이터랩

▶ 구독 링크: https://datalab.naver.com

▶ 소개: 일자, 카테고리별 인기 검색어를 확인할 수 있고, 실시간 급상승 검색어, 키워드별 검색량 변화 추이 등을 확인할 수 있습니다.

③ 빅풋9

▶ 구독 링크: https://bigfoot9.com

▶ 소개: 인스타그램, 페이스북에서 인기 있는 채널과 게시글 TOP 100

을 보여줍니다.

④ 눅스 인플루언서

▸ 구독 링크: https://kr.noxinfluencer.com

▸ 소개: 유튜브, 인스타그램 등 1인 크리에이터를 위한 전문적인 데이터 분석 및 통계 서비스입니다. 각 국가의 조회 수 TOP 100 영상이 무엇인지, 혹은 카테고리별 구독자 수가 가장 많은 유튜버는 누구인지를 보여줍니다. 이뿐만 아니라 급 성장한 유튜브와 인스타 채널을 보여주기도 하고, 유튜버별 예상 광고 수익 등을 알려주기도 합니다.

 옆집 CEO의 한마디

트렌드의 감각을 익히려면, 트렌드 분석 매체와 친해져야 합니다!

이미 성장한 플랫폼에 올라타라

초보가 고수를 이기는 방법은 신흥시장에 들어가서 최초가 되는 것입니다. 하지만 여기서 문제는 신흥시장의 기회는 365일 있는 것이 아니라는 것입니다. 또한, 초보자들이 주목받을 만한 초기 플랫폼을 선별해내기란 쉬운 일이 아닙니다. 그렇다면 초보자는 어떻게 블루오션 영역에 들어갈 수 있을까요? 실질적으로 활용할 수 있는 방법은 새로운 키워드로 핫한 플랫폼에 들어가는 것입니다. 유튜브를 바탕으로 설명해보겠습니다.

일상/브이로그 카테고리는 연예인급의 외모가 아닌 이상 성공하기 힘듭니다. 그런데 박막례 할머니의 손녀 김유라가 더 늦기 전에 할머니와의 추억을 만들고자 만든 '박막례 할머니' 채널은 이 상식을 거뜬히 넘어섰습니다. 할머니의 치매 예방을 위한 방법을 찾다가 자유로운 여행을 선택했고, 여행 영상을 차곡차곡 올리는 것으로 시작했는데, 초기 영상 중 '치과에 들렀다 시장 갈 때 메이크업'이라는 콘텐츠가 알고리즘을 타면서 화제가 된 후, 단시간에 15만 구독자를 달성한 것입니다. 또 그때부터 빠른 속도로 성장해 2022년 9월 기준으로 128만 명의 구독자를 보유하고 있습니다. 웬만큼 빼어난 외모를 가지거나, 메이크업 아티스트급의 메이크업 실력을 갖춘 사람이 아닌 이상, 메이크업 영상이 소위 말하는 떡상을 하긴 매우 힘듭니다. 하지만 박막례 할머니는 메이크업이라는 레드오션 영역에 할머니라는 새로움을 추가함으로써, 사람들의 눈길을 사로잡았던 것이죠. 박막례 할머니 이외에도 시니어가 패션/화장 소재를 다루면 주목받는다는 공식이 생길 정도로 시니어의 활약이 많은 곳도 유튜브입니다. 한국인 최초로 밀라노 유학을 다녀온 장명숙 할머니의 채널 '밀라논나', 맛있게 먹을 만큼 욕심 없이를 컨셉으로 할머니가 먹방 하는 '영원씨TV' 모두 젊은이들의 영역이라고 여겨왔던 분야에 시니어가 도전해서 성공한 채널입니다.

또 집/인테리어처럼 일반인이 도전하기 힘든 분야에도 키워드 하나만 더 붙이면 성공할 수 있습니다. 막강한 자본력을 바탕으로 인테리어를 소개해주는 인테리어 유튜브 채널은 있지만, 많은 사람의 공감을 살 수 있는 현실 자취방을 다루는 유튜버는 많지 않습니다. 그 가운데 약 40만 명의 구독자를 보유하고 있는 '자취남' 채널에서는 열악한 환경의 아주 좁은 자취방, 혹은 각 지역의 자취방과 같이 2030이 궁금해할 현실 속의 자취방을 소개하며, 빠르게 성장했습니다. 이렇게 유튜브라는 한 채널만 보더라도 파고 들어갈 틈이 정말 많습니다.

이는 유튜브에만 국한된 이야기가 아닙니다. 많은 사람이 스마트스토어는 레드오션이라고 외치지만, 여전히 매년 수십~수백 명의 신규 셀러가 '3개월 만에 3,000만 원 매출 냈어요.'와 같은 인터뷰를 하죠. 이미 국내 이커머스 시장 규모는 200조가 됐습니다. 단순히 생각해봐도 200조나 되는 시장에 나 한 명이 비집고 들어갈 기회 하나쯤은 있지 않을까요?

앞서 말씀드린 것처럼 이미 성숙한 시장에 새로운 키워드를 가지고 들어가면 됩니다. 다시 말해, 스마트스토어라는 핫한 플랫폼에 수요는 많지만, 판매자는 적은 분야를 찾아 들어가면 됩니다. 하나의 예시로 2022년 2월, 포켓몬스터 빵이 재출시되면서 엄청난 화제를 모았습니다. 실제 네이버에서 '포켓몬 빵'의 검색량을 보면 2022년 2월을 기점으로 수직 상승한 것을 확인할 수 있습니다. 만일 이때 내가 스마트스토어에서 상품을 판매하는 셀러라면 무엇을 할 수 있을까요? 가장 좋은 건 포켓몬스터 빵을 도매로 받아와 소매가로 파는 것이겠지만, 이렇다 할 유통 경로가 없는 일반인 입장에서는 하기 힘든 일입니다. 그렇다면 사고를 조금 더 확장해서, 포켓몬스터 빵에 들어 있는 띠부띠부씰 스티커를 모을 수 있는 스티커북 또는 앨범을 판매하면 됩니다. 실제로 네이버에 '띠부띠부씰 앨범'이라고 검색하면, 스토어를 개설한 지 얼마 되지 않은 초기 스토어에서 일주일에 수백 개씩 판매가 이뤄진 것을 알 수 있습니다.

이렇게 많은 사람이 레드오션이라고 생각하는 매체라고 할지라도, 트렌드를 읽고, 키워드만 잘 잡는다면 충분히 기회를 얻을 수 있습니다. 포켓몬스터 빵을 사례로 들었지만, 이 외에도 몇 해 전부터 주목받기 시작한 제로 웨이스트, 비건 등과 관련한 상품과 서비스를 제공해도 됩니다. 그럼 나는 제로 웨이스트 또는 비건에 특화된 인스타그램, 블로그, 유튜브 채널 등에서 트래픽이 넘쳐나는 플랫폼에 내 콘텐츠를 제공하기만 하면 되는 것입니다.

옆집 CEO의 한마디

**N잡에서 본인만의 새로움만 있다면,
레드오션이냐, 블루오션이냐는
중요하지 않습니다!**

블루오션에 대한
환상은 버려라

지금까지 블루오션 N잡을 찾는 법을 알려드리긴 했지만, 그렇다고 해서 블루오션 N잡에 관한 과도한 환상은 갖지 않길 바랍니다.

사실 많은 사람이 찾는 블루오션 아이템은 환상 속 유니콘과 같습니다. 어쩌면 공부 안 하고, 서울대 가는 방법을 찾는 것만큼이나 부질없는 일일 지도 모르죠. 스마트스토어, 블로그, 유튜브, 전자책. 모두 레드오션 맞습니다. 하지만 돈 버는 일이 쉬웠던 적이 있나요? 우리가 해야 하는 일은 세상에 존재하는지 알 수 없는 블루오션 사업을 찾는 일이 아닙니다. 사람이 몰려있는 레드오션 속에서 어떻게든 틈새를 찾아 성공시키는 쪽이 훨씬 생산적입니다.

앞으로 당신이 어떤 일을 시작하든 "그거 레드오션아니야?"라는 말을 수도 없이 들을 것입니다. 그런데 그 길을 가보지도 않은 사람의 부정적인 시각은 무시하세요. 되는 시장인지, 아닌 지는 본인이 직접 해보고 판단하셨으면 합니다.

그러니 정말 N잡러로 성공하기로 다짐했다면, 지금부터 제가 알려드리는 방법을 삶에 적용해보면 좋겠습니다. 이는 저만의 생각이 아니라, 앞서 성공한 사람들이 조언하는 내용이기도 하 니, 따라하지 않을 이유는 없을 듯합니다. 물론 선택은 당신의 자유입니다.

우선 초보 N잡러는 여러모로 시간이 부족하므로, 시간 관리 를 잘 해야 합니다. 대부분의 직장인이 "시간 없다."는 말을 달 고 다니는데, 부업까지 하면, 없는 시간이 더 없을 수밖에 없습 니다. 이러한 이유로 최대한 회사와 가까운 곳에 살기를 권해 드 립니다. 특히 저는 처음 직장 생활을 시작했을 때, 출·퇴근 시간 으로 왕복 3시간 이상을 소모했습니다. 그로 인해 체력이 딸려

집에 오면, 도저히 아무것도 할 수가 없었습니다. 어떻게 해야 집중할 시간을 만들 수 있을 수 있을까 고민하던 제가 선택한 방법은 회사 근처 고시원으로 이사하는 것이었습니다. 통근 시간을 없애버린 것이죠.

이러한 내용은 『세이노의 가르침』에도 잘 나와 있습니다. 이 책은 세이노라는 필명을 가진 부자가 다음 카페에 올린 글을 묶은 책으로, 정식으로 출간되지는 않았지만, 투자자들이 주목하기도 했고, '너나위', '김짠부' 등 유명 경제 유튜버가 추천하기도 했습니다. 저 역시 직장인 시절 이 책에서 많은 영향을 받았는데, 그중 일부를 공유해봅니다.

일터와 가까운 곳에 살아라.
마크 레빈, 스테판 M. 폴란의 공저 『다 쓰고 죽어라』에서는 처음 집을 장만하려는 사람들에게 "두 번째 살 집을 처음에 사라."고 말하면서 "그렇게 할 돈을 마련하는 데 오랜 시간이 걸린다면 기다려라."고 권유한다. 나중에 방이 더 필요해 사게 될 집을 지금 구입하지 못한다면 지금은 임대해 살라는 말이다. 나 역시 그들의 의견에 공감한다. 30대 중반까지는 자기 투자를 할 여유 시간이 충분히 확보돼야 하기 때문이다. 맞벌이 부부는 부부 중 경제 활동의 대가와 미래 발전 가능성이 큰 쪽의 직장 근처로 이사를 하는 게 좋겠다. 일터는 도심에 있는데, 가격이 싸고 평수도 넓다고 해서 멀리 떨어진 곳에서 살면 출·퇴근에만 하루 2~3시간을 소비하게 돼 자기 투자를 할 여유가 없다. 출·퇴근 시간에 외국어 등을 공부하겠다는 생각은 사실 실천하기 쉽지 않다. 차 안에서는 쉬고 싶어지기 때문이다. 퇴근 후에는 퇴근하느라 지쳐서 또 쉬게 된다. 일주일을 출·퇴근에 시달렸으니 일요일에도 쉬게 된다.

그러니 책 한 권 제대로 볼 시간이 없다. 대중교통 이용이 불편하다는 이유로 자가용을 사지만, 도로는 여전히 막혀 짜증만 난다. 자가용이 있으니 주말에는 놀러 가기가 좋고, 결국 돈 쓸 일만 생긴다. 돈이 모이지 않으니 점점 더 싼 지역으로 이사 가게 되고, 자기에게 투자할 시간은 갈수록 줄어드는 악순환에 빠진다. 그러면서도 "나는 성실하게 살고 있는데 세상이 불공평하다."고 생각한다.

나는 집이 먼 직원들에게는 회사 근처 독서실이나 고시원에서 살라고 요구하곤 했다. 회사 일을 하라는 것이 결코 아니다. 생생한 지식을 축적해, 내일이라도 당장 뛰쳐나가 이 정글 속에서 우뚝 홀로서기를 할 수 있는 힘을 갖추라는 뜻이다.

일터가 도심 가까이에 있으면 아마도 집의 크기는 작아지겠지만, 집이 작으니 쓸데없는 것들을 사지도 못하게 돼 소비도 줄어든다. 소파 대신 방석만 사용해도 된다. 친구들 사는 것과 비교하지 말라. 목돈이 만들어질 때까지는 내일 '피난'을 간다고 생각하고, 살림살이를 줄여서 갖추라. 돈은 새끼를 치고 기회를 주지만, 살림살이는 고물이 된다. 게다가 대다수 상품 값은 날이 갈수록 싸진다. 나는 20대에는 시간도 돈도 아까워 아예 TV를 사지도 않았고, 보지도 않았다.

그렇게 사는 것이 사람답게 사는 거냐고 말할지도 모른다. 졸부는 운이 좋으면 되지만, 진짜 부자는 그래서 아무나 되는 게 아니다.

이 글을 통해 단순히 내가 어디에 사는지에 따라 얼마나 큰 나비효과를 불러일으키는지 알 수 있습니다. 특히 30대 중반까지는 자기 계발에 투자해야 할 시기인데, 여기에서 필요한 시간이라는 자원은 일터와 가까운 곳에 사는 것만으로도 확보할 수 있습니다.

참고로 돈 버는 방식은 두 가지입니다. 돈으로 돈을 벌거나, 시간으로 돈을 벌거나. 그런데 자본가가 아닌 이상 대부분의 평범한 사람은 결국 시간으로 돈을 벌어야 합니다. 그러니 당신의 시간이 자원임을 잊지 마세요.

매일 2시간 이상 삶에 크게 도움 되지 않는 유튜브 영상을 시청하는 사람이 있다고 가정해 봅시다. 그러면 이 사람은 하루 24시간 중 2시간을 유튜브에 쓰는 것이고, 이를 수치로 계산하면 하루의 1/12을, 1년으로 따지면 열두 달 중 1개월을 허송세월을 보내는 것과 마찬가지입니다. 그런데 누군가는 그 시간을 활용해 자기 계발을 하는 데 투자한다면, 시간이 지날수록 두 사람의 모든 상황의 격차는 커질 수밖에 없습니다.

옆집 CEO의 한마디

시간은 생기는 것이 아니라, 스스로 만들어가는 것입니다!

실행력을
최대치로 올려라

스튜디오 대관 운영과 촬영, 디자인, 굿즈 제작 등을 하며, 1인 사업가로 활동 중인 김유인 작가를 유튜브 게스트로 초대해 인터뷰한 적이 있습니다. 이때 기억에 남는 이야기가 있었는데, 그 내용은 다음과 같습니다.

"저는 걱정을 시작하면 끝없이 걱정하는 편이어서, 걱정의 싹을 자르기 위해 장기계획을 세우지 않는 편이에요. 딱 일주일 단위로만 계획을 세우고 있죠. 일주일 이상의 계획을 세우게 되면, '내가 이거 해서 망하면 어떡하지?', '예측할 수 없는 일이 생기면 어떡하지?' 등의 걱정이 공포의 쿵쿵따를 하듯이 자기들끼리 계속 이어지더라고요. 그래서 저는 딱 일주일만 계획을 짜고, 그 계획을 계속 이어가면서 살고 있어요."

이는 평소 생각이 많아서 실천을 못 하는 제게 큰 도움이 된 말이었습니다. 그리고 이 인터뷰 이후, 머리가 복잡해질 때면 '일단 일주일만 바라보고, 열심히 달려봐야겠다.'라는 생각으로 걱정을 그만두고, 그 주에 해야 할 일에만 집중했습니다. 그렇게 하고 나니 쓸데없는 걱정이 사라지고, 어수선했던 머릿속이 한결 가벼워지면서 실행력도 높아지는 것을 느낄 수 있었습니다. 만일 이런저런 걱정으로 실행을 못 하고 있다면, 딱 일주일 단위로만 생각하며, 계획을 세워보면 좋겠습니다.

생각이 많아서 실행력이 떨어지기도 하지만, 또 다른 이유도 있습니다. 보통 실행을 잘 못 할 때는 당장에 급하지 않아서, 목표에 대한 확신이 없어서, 재미가 없어서라는 이유가 따릅니다. 그러므로 본인이 마음과 달리 실천을 못 하고 있다면, 그 이유를 생각해보고, 그에 따른 처방을 내려야 합니다.

먼저 당장 급하지 않은 경우, 인위적으로라도 발등에 불이 떨어지는 환경을 설정해야 합니다. 우리는 배가 고프면 밥을 먹고,

목이 마르면 물을 마시고, 내일이 시험인데 공부를 하지 않았다면 벼락치기를 하며, 수영장 갈 날이 얼마 남지 않았다면 다이어트에 돌입합니다. 이렇게 무엇인가 강력한 욕구가 들면, 누군가 시키지 않아도 자연스럽게 행동으로 옮깁니다. 그렇다면 발등에 불이 떨어지게 만들 수 있는 가장 좋은 방법은 무엇일까요? 바로 무언가에 책임을 지는 것입니다. 가령, 영어 회화 스터디의 스터디원이라면, 귀찮은 날에는 "몸이 안 좋아요.", "오늘 제사가 있어서요.", "야근이에요." 등 이런저런 핑계를 대며 가지 않을 것입니다. 하지만 운영자라면 상황은 달라집니다. 모임을 이끄는 리더이기에 급박한 이유가 아니라면, 스터디에 참석하기 위해 최선을 다할 것입니다. 이렇게 무언가에 책임을 짐으로써 발등에 불이 떨어진 상황을 만들면, 실행력은 압도적으로 높아집니다.

다음으로 목표에 대한 확신이 없는 경우라면, 확신만 심어주면 됩니다. 가령, 누군가가 당신 집 근처의 공원 쓰레기통 옆에 1억 원의 돈다발을 두고 갔다고 알려준다면, 당신은 새벽 3시든, 힘든 하루를 보낸 날이든, 그 어떤 상황에라도 그 돈다발을 가지러 현관문을 나설 것입니다. 무조건 1억 원을 벌 수 있으니까요. 이렇게 무엇인가를 달성할 수 있다는 확신은 실행력을 엄청나게 높여줍니다. 혹, 예시가 비현실적이라서 와 닿지 않는다면, 나와 비슷한 수준이지만, 내가 달성하려는 목표를 어느 정도 이룬 사람을 주변에 두는 것을 권합니다. 이는 '저 사람이 했다면, 나도 할 수 있겠지.'라는 동기부여를 줌으로써, 행동하게 하니까요. 엄청난 성공을 거둔 사람일 필요는 없습니다. 만약 당신의 목표가 레벨 10이라면, 현재 레벨 1~3 정도의 사람이라도 충분합니다.

저도 돌이켜보면 여러 부업을 시도하는 과정 중에 실패를 겪으면서도 포기하지 않고, 끝까지 도전할 수 있었던 이유 중 하나가, 주변에 내가 가고 싶은 길을 걸어가고 있는 사람들이 있었던 덕분이라고 생각합니다. 그들을 보면서 '저 사람도 나와 별 다를 바 없는 사람인데, 저 사람이 해냈다면, 나도 저 정도는 할 수 있을 거야.' 하고 용기를 얻을 수 있었던 것이죠. 목표를 이루고 싶다면, 지금 당장 만나는 사람부터 바꿔보세요. 목표에 대한 확신이 높아질 것입니다.

마지막으로 재미가 없어도 실행 의지가 사라집니다. 우리는 누가 시키지 않아도 유튜브 보는 것을 좋아하고, 약속이라도 한 것처럼 1년에 한두 번씩은 여행을 떠나곤 합니다. 재미있어서죠. 만일 당신이 도전하려는 일에 재미가 생기면, 당신은 기다렸다는 듯이 그 일을 해낼 것이고, 심지어 그것을 즐길 것입니다.

그렇다면 재미를 첨가하려면 어떻게 해야 할까요? 정답은 바로, 짧은 시행 주기와 피드백입니다. 이 얘기를 하려면 과거로 거슬러 올라가, 깊은 이야기를 해야 하니 잘 들어주셨으면 합니다.

무엇인가 오래 공을 들여 결과를 얻는 것은 농경시대부터 생겨난 개념입니다. 인류는 200만 년의 세월 중에 99%를 수렵 채집을 하며 살아왔고, 농경 생활을 한 기간은 13,000년밖에 되지 않죠. 이 같은 이유로 수렵 채집 시기에 유리했던 행동 방식은 여전히 우리 DNA에도 고스란히 박혀있습니다. 그럼, 수렵 채집 시기의 행동 방식은 어땠을까요? 먼 미래를 위해 현재의 쾌락을 포기하는 쪽을 선택했을까요? 아마 그런 일은 거의 없었을 것입니다. 오늘 따온 사과만 해도 일주일이 지나면 다 썩어버릴 테고, 오늘 잡아온 토끼 고기도 당장 먹지 않으면 다른 부족원이 다 먹어 버릴 텐데, 군이 현재의 욕구를 참을 필요가 없겠죠. 우리가 수능 공부하는 게 그토록 힘든 이유도, 인간 본성 자체가 3년 뒤의 미래를 위해 현재의 쾌락을 포기하도록 설계되어 있지 않아서입니다. 다시 말해, DNA에 새겨진 본성을 거스르기 위해서는 '열심히 해야지.'라는 의지만으로는 부족하니 환경 세팅이 필요합니다.

그 첫 번째가 시행 주기를 짧게 설정하는 것입니다. 예를 들어

'1개월 내에 수학 문제집 한 권 풀기'와 같은 긴 목표보다는 '오늘 안에 수학 문제집 2쪽 풀기'처럼 짧은 시간 내에 끝낼 수 있는 목표를 잡아야 합니다. 또 유튜브 영상 제작이 목표라고 한다면 '1개월 내에 영상 1개 제작해 업로드 하기'와 같은 긴 단위의 목표가 있다고 하더라도, 실행을 할 때는 '이번 주 안에 대본 완성하기', '오늘까지 인트로에 쓸 멘트 완성하기'처럼 구체적이고 짧은 시행 주기로 바꿔서 진행해야 합니다. 이렇게 목표를 잘게 자르면, 그것이 큰 목표였을 때보다 달성하기 쉬우므로, 그 일을 수행할 확률이 높아집니다. 작은 일이라도 해냈다는 감정은 성취감을 느끼게 해주며, 이것이 반복되면 재미를 느낍니다.

피드백 또한 행동을 강화하는 요인 중 하나입니다. 앞서 저는 직장에 다닐 때 도서 블로그를 운영했다고 말씀드렸는데요. 지치지 않고 블로그를 운영할 수 있었던 이유는 이웃들의 댓글 덕분이었습니다. 제가 책 내용을 정리해서 올리면, 이웃 블로거들이 "이 책 재미있어 보이네요. 저도 읽어보고 싶어요!" 하고 댓글을 남겼고, 이러한 피드백이 저에게 재미 요소로 작용한 것이지요. 그러니 혼자 골방에 들어가서 일하는 것보다, 피드백을 받을 수 있는 환경에 자신을 놓아두면, 실행력은 자연스레 높아집니다.

옆집 CEO의 한마디

만일 시도조차 하고 있지 못하다면,
해야만 하는 상황을 만들어보세요!

하기 싫은 일을 해내는
방법을 찾아라

부업을 하다 보면 본인이 선택했지만, 하기 싫은 일을 해야 하는 상황과 마주할 때도 있습니다. 그러면 저는 안 좋은 습관을 없애는 방법을 적용합니다. 개인적으로 저는 안 좋은 습관을 없애려고, 굳이 노력하지 않습니다. 대신 안 좋은 습관을 좋은 습관으로 덮는 데 집중합니다. 왜냐하면 누구나 무엇인가 하고 싶은 욕구를 참아가며 안하는 것은 태생적으로 어려운 일이기 때문입니다. 이에 제가 선택한 방법은 가령, 야식 먹는 습관을 없애고 싶다면 '밤에 야식 먹지 말기'처럼 '~ 하지 않기' 형식의 플랜을 세우기보다, '야식 먹고 싶을 때 물 마시기'처럼 '대신 ~ 하기' 형식으로 바꾸는 것입니다. 이와 같은 방식으로 저는 하기 싫은 일을 해야 할 때, 하는 행동 5가지가 있습니다. 예전부터 실천했고, 지금도 활용 중인 방법으로 꽤 효과가 있으니, 이 글을 읽는 당신도 참고해서 하기 싫은 일도 멋지게 해내는 N잡러가 됐으면 합니다.

첫째, 하기 싫은 일을 해야 할 때는 좋아하는 카페에 갑니다. 정말 하기 싫지만 어쩔 수 없이 해내야 하는 일이 있다면, 저 자신을 달래는 방식으로 제가 좋아하는 카페에 가서 일을 합니다. 사소해 보이는 일일지 몰라도, 그저 좋아하는 카페에 가는 것만으로도 기분이 좋아지고 '힘든 일 하는 날 = 내가 좋아하는 카페에 가서 디저트 맘껏 시켜먹는 날'이 되어서 비교적 즐겁게 일할 수 있습니다.

둘째, 일단 몸을 움직입니다. 죽었다 깨어나도 이 일이 하기싫다고 느껴질 만큼 귀찮을 때가 있습니다. 그럴 때는 '그래도해야지.'라고 생각하기보다, 일단 몸을 움직이면서 감정을 고조시킵니다. 스쿼트를 5개 한다거나, 까치발을 들고 물 마시러 갔다 온다거나, 스트레칭을 하는 등 작은 신체의 움직임만으로도 도파민이 분비되어 기분이 금세 좋아집니다.

셋째, 확률적으로 계산합니다. '이게 다 헛수고면 어쩌지?'라는 생각 때문에 행동이 느려진다 싶으면, 확률적으로 생각합니다. '다섯 번 중에 한 번이라도 성공하면 됐지. 모든 걸 성공시키겠다고, 과도한 부담을 갖진 말자.'라는 생각을 하고 나면, 부담으로 실행력이 떨어지는 상황은 점점 줄어듭니다. 수능은 1년에 한 번뿐이지만, 우리가 N잡에 도전할 기회는 무수히 많고, 배트를 많이 휘두를수록 성공 횟수가 늘어나기 마련이니까요.

넷째, 결과가 아닌 행동을 목표로 잡습니다. N잡에 대한 자신감이나 확신이 없어서 하기 싫은 경우라면, 결과를 목표로 세우기보다 행동을 목표로 잡습니다. 예를 들어 '3개월 안에 구독자 수 3,000명 모으기'라는 목표 대신 '3개월 동안 유튜브 영상 10개 이상 올리기'와 같은 목표로 바꾸는 것이죠. 단, 이러한 목표 설정 방법은 본인 성향에 따라 달라질 수 있습니다. 제 경우는 'ㅇ개월 안에 ###원 벌기'와 같이 도전적인 수치를 목표로 설정해 도전할 때 동기부여가 더 잘 됩니다. 반대로 제 지인은 이렇게 압박을 주는 상황을 만드는 것보다 행동 목표를 설정해 실행할 때 결과가 더 좋습니다. 이렇듯 결과 목표를 선택할 것인지, 행동 목표를 선택할 것인지는 각자 성향에 맞게 적절히 접목하는 것이 현명합니다.

마지막은 스트레스의 근본 원인을 찾아내 정면 돌파하는 것입니다. 엄청난 스트레스로 아무것도 하기 싫은 상황에 놓였다면, 이런저런 핑계 대지 말고 스트레스를 정면 돌파하세요. 다음은 『세이노의 가르침』 중 '스트레스의 뿌리를 없애라'란 대목에서 나오는 내용입니다.

자, 문제의 핵심을 살펴보자. 왜 스트레스가 생기는가? 어떤 문제가 발생하기 때문이다. 그 문제는 어디서 발생하는 것인가? 일이나 인간관계에서 발생한다. 스트레스는 일이나 인간관계에서 발생한 문제가 풀리지 않아서 생기는 것이다. 왜 문제가 안 풀리는 것일까? 푸는 방법을 모르기 때문이다. 왜 모르는가? 책도 안 읽고, 공부도 안 하기 때문이다. 왜 공부를 스스로 안 하는가? 게으르기 때문이며, 스스로의 판단과 생각을 우물 안 개구리처럼 최고로 여기기 때문이다. 한 달에 책 한 권도 안 보고, 공부는 학원이나 학교에 가야만 하는 걸로 믿는다. 그러면서도 놀 것은 다 찾아다니며 논다. 그런 주제에 자기는 성실하게 열심히 살아가는데, 주변 상황 때문에 스트레스를 받는다고 생각하며, 그러면서도 수입이 적다고 투덜댄다.

문제가 있으면 문제를 해결하려고 덤벼드는 것이 올바른 태도이다. 문제는 그대로 남겨둔 채 그 문제로 인하여 생긴 스트레스만을 풀어버리려고 한다면, 원인은 여전히 남아있는 셈 아닌

가. 휴식을 충분히 갖고 쉬라고? 웃으라고? 한 달을 바닷가 해변에서 뒹굴어 보아라. 백날을 하하 호호 웃어보아라. 문제가 해결되는가? 웃기는 소리들 그만해라. 기억하라. 제초제를 뿌리는 이유는 뿌리를 죽이기 위함이다. 뿌리를 살려두는 한 잡초는 다시 살아난다. 스트레스를 없애는 가장 정확한 방법 역시 스트레스를 주는 문제의 원인을 파악하고, 그 원인을 뿌리째 뽑아버리는 것이다. 장담하건대 그 모든 원인은 일이나 인간관계에서 발생한 문제를 어떻게 해결하여야 하는지 모르는 당신의 무지 그 자체이다. 즉, 외부적 상황 때문에 스트레스가 생기는 것이 아니라, 그 외부 상황을 어떻게 해야 헤쳐 나가는지를 모르고 있는 당신의 두뇌 속 무지 때문에 생긴다는 말이다. 그리고 그 무지함의 뿌리는 바로 게으름이다. 스트레스를 해소한답시고 빈 맥주병을 쌓아가지 말고, 문제를 정면으로 돌파하라. 절대 회피하지 말아라. 책을 읽고 방법론을 찾아내라. 그게 바로 스트레스를 없애는 제초제이다. 친구들과 상의하는 짓도 그만두어라. 당신이나 친구들이나 스트레스를 받기는 마찬가지이며, 그저 당신 마음 깊은 곳에 있는 답답함에 대한 약간의 위로를 받을 수는 있겠지만 어차피 도토리 키 재기 아닌가.

스트레스는 어쩔 수 없이 감당해야 하는 그 무엇인가가 아니

라, 공부를 통해 해소해야 할 대상입니다. 이런 관점의 변화만으로도 당신이 가진 스트레스를 다루는 자세가 달라질 것입니다.

 **옆집 CEO의 한마디**

스트레스를 이기려고 하기보다, 스트레스를 바라보는 시선을 다르게 가져보세요!

N잡러로
세상의 중심에 서다

'살불살조(殺佛殺祖)'는 제가 좋아하는 사자성어입니다. 이는 '부처를 만나면 부처를 죽이고, 스승을 만나면 스승을 죽이라.'는 뜻입니다. 저는 당신이 이러한 마음으로 제 글을 읽었으면 합니다.

비록 작은 성과로 책을 통해 독자들을 만나는 영광을 갖긴 했지만, 저는 여전히 '혹시 내 수입이 갑자기 줄어들지 않을까?'라고 고민하는 성장기의 N잡러 중 한 명에 불과합니다. 또 지금까지 나눈 저의 이야기는 어디에나 통용되는 절대적 법칙이 아닌,

저의 N잡 여정 중에서 발견한 소소한 깨달음이며, 이는 언제든지 바뀔 수 있습니다. 이유인 즉, N잡러가 되면서 가장 크게 느낀 것 중 하나가 100명의 사람이 있으면, 성공 방식도 100가지라는 사실이거든요.

다만, 제가 수년간의 삽질 속에서 저의 성격, 재정 상황, 능력에 맞는 N잡 포트폴리오를 만들어낸 것처럼 이 책을 집어 든 당신도 당신만의 N잡 포트폴리오를 만들었으면 합니다. 당신이 N잡러로 활동하며, 원하는 수익을 냈다고 하더라도, 당신의 여정이 거기서 끝나진 않을 테니까요.

저 또한 입버릇처럼 "월 1,000만 원만 벌면 소원이 없을 텐데……."라는 말을 달고 살았지만, 막상 그토록 꿈에 그리던 월 1,000만 원을 달성하고 나서도 '이 수입이 줄어들면 어쩌지.' 하는 걱정은 계속됐습니다. 그러면서 포트폴리오를 업그레이드해나갔고요.

이처럼 성과를 내더라도, N잡이 당장 온전한 경제적 자유를 주지는 못하더라도, 한 가지 확실하게 말할 수 있는 것은, 회사 월급이 아닌 오로지 내 힘으로 돈을 벌어보는 경험은 당신의 인생에 전혀 다른 관점을 갖게 한다는 진실입니다. 회사가 없으면

언제든지 나앉을 수 있는 삶이 아닌, 그 누구에게 의지하지 않고,
오로지 내 힘만으로 세상을 살아갈 수 있는 힘을 갖게 되는 것.
그것이 N잡이 당신에게 가져다줄 가장 큰 선물입니다.

꿈은 모르겠고 돈이나 잘 벌고 싶어

ⓒ 옆집 CEO(김민지) 2022

초판 1쇄 발행 2022년 11월 4일
초판 7쇄 발행 2022년 12월 5일

지은이	옆집 CEO(김민지)
편집인	권민창
책임편집	윤수빈
디자인	김윤남
책임마케팅	김성용, 김태환, 윤호현, 서준혁
마케팅	유인철, 이주하
제작	제이오
출판총괄	이기웅
경영지원	김희애, 박혜정, 박하은, 최성민

펴낸곳	㈜바이포엠 스튜디오
펴낸이	유귀선
출판등록	제2020-000145호(2020년 6월 10일)
주소	서울시 강남구 테헤란로 332, 에이치제이타워 20층
이메일	mindset@by4m.co.kr

ISBN	979-11-92579-22-1 (03320)

마인드셋은 ㈜바이포엠 스튜디오의 출판브랜드입니다.